英语发展与传播规律研究

潘巍巍　著

西北工業大學出版社

【内容简介】本书是北京高等学校青年英才计划项目（Beijing Higher Education Young Elite Teacher Project）（项目编号：YETP1742）的阶段性成果。全书共分七章，尝试用Cooper语言规划的5W理论和生态学、经济学、语言学以及社会学理论相结合的分析框架，分别从纵向、横向和英语等级三个维度对英语在亚洲殖民与后殖民时期传播的途径、策略及转变动因进行梳理和归纳，以便对英语在亚洲传播历史的发展轨迹进行准确把握，并对同一时期英语在亚洲国家传播的主体、深度广度和策略表征进行多因素、多角色的对比考察，从而深入解读英语在不同亚洲国家发展与传播的复杂动因。

图书在版编目（CIP）数据

英语发展与传播规律研究 / 潘巍巍著 .— 西安 ：
西北工业大学出版社，2015.11（2025.1重印）
ISBN 978-7-5612-4668-9

I.①英… II.①潘… III.①英语—传播—语言史
IV.①H310.9

中国版本图书馆CIP数据核字（2015）第 289872 号

出版发行：西北工业大学出版社
通信地址：西安市友谊西路127号　　邮编：710072
电　　话：（029）88493844　88491757
网　　址：www.nwpup.com
印 刷 者：北京市彩虹印刷有限责任公司
开　　本：710 mm×1 000 mm　　1/16
印　　张：11.5
字　　数：190千字
版　　次：2015年11月第1版　　2025年1月第2次印刷
定　　价：46.00 元

前　言

语言传播并不是一门理论驱动的学术研究领域，它还涉及社会学、民族学、传播学等相关领域的知识，主要立足于解决社会中的语言问题。尽管世界各地语言规划和语言政策实践非常丰富，但是学者对其事实本身缺乏必要和全面地描写与解释，这也是语言传播理论尚不能形成重大突破的根本原因。由此，本人在北京高等学校青年英才计划项目（Beijing Higher Education Young Elite Teacher Project）（项目编号：YETP1742）的资助下，尝试用 Cooper(1989) 语言规划的 5W 理论和生态学、经济学、语言学以及社会学理论相结合的分析框架，分别从纵向、横向和英语等级三个维度对英语在亚洲殖民与后殖民时期传播的途径、策略及转变动因进行梳理和归纳，以便对英语在亚洲的传播历史发展轨迹进行准确把握，并对同一时期典型的亚洲国家英语传播的主体、深度广度和策略表征进行多因素、多角色的对比考察，从而深入解读英语在不同亚洲国家传播的复杂动因。鉴于此，该研究有十分重要的理论意义和实际意义。

首先，它丰富和发展了语言政策和规划的理论研究。目前国内研究者对语言政策和规划的研究还处于初始阶段，以表象描述居多，而系统论证、理论构建不足；或偏重静态的政策文本分析，忽视动态的政策发展研究。全球化浪潮下，中国的语言规划研究一定要有开放的、国际化的学术视野，加强语言政策的国别研究，借鉴其他国家语言政策研究的经验，规避政策带给国家或教育机构的负面影响。

其次，它突破了仅从政策文本视角研究英语传播的局限。为了更好地展开研究，以便将厚重的英语传播的发展历程呈现出来，本研究尝试采用静态的政策文本分析和动态的政策过程分析相结合，以殖民时期和后殖民时期为转折点，进行历时的政策发展文本分析，必要时辅以访谈等实证研究方式，从宏观上对语言传播政策进行动态分析，弥补了单一分析之不足。

第三，对首都北京建设世界城市的过程中具有积极的导向作用。北京作为成长中的未来世界重要城市，她怎样才能吸纳与借鉴世界各国的语言文化，如何能发挥首都这一载体将中国传统的优秀语言、文化和精神呈现出来，并更深入地影响世界文明，这项研究将对这两个问题展开有借鉴意义和建设性的讨论，具有可预见的应用前景。

第四，对执行外语教育政策的实践活动有一定的指导意义。通过解读英语在亚洲的传播历程，分析和总结 20 世纪以来亚洲国家应对英语传播的经验与教训，有利于增强人们对语言政策的理性认识，树立正确的外语改革理念，以减少在外语教育政策执行过程中出现的政策执行实际结果与政策目标、政策内容不相符合的现象，尽量避免政策失真现象的产生，最终提高外语教育政策执行的经济效率和社会效益。

第五，对汉语“走出去”有一定的参考价值。通过考察英语推广的发展历史与实施现状，比较深入地总结其语言推广的成功经验，我们可以根据汉语国际推广的实际情况，做出有针对性的政策和措施调整，使我们更好地在宏观上制定切实可行的推广政策，在微观上把握好汉语国际推广的实际运作。

著　者

2015 年 9 月

目　　录

第一章　绪论 1

第一节　问题的提出 1
第二节　国内外研究述评 6
第三节　研究方法与视角 16
第四节　研究思路与总体框架 25

第二章　语言传播的共性研究 28

第一节　西方主要语言的传播成效 28
第二节　语言传播的理论背景 38
第三节　语言传播的途径 43
第四节　语言传播的本质 47

第三章　英语传播历史进程与分布 52

第一节　英语的传播简史 52
第二节　世界英语的分布 66
第三节　英语的传播模式 68

第四章　殖民期英语在亚洲的传播 73

第一节　殖民时期英语传播的主客体 73
第二节　殖民时期英语传播的空间 78
第三节　殖民时期英语传播的表现形式 101

第五章　后殖民时期英语在亚洲的传播 105

第一节　后殖民时期英语传播的主客体 105
第二节　后殖民时期英语传播的深度与广度 107

第三节　后殖民时期英语传播的策略表征 125

第六章　语言传播的动态模型 131

第一节　语言传播的定性模型 131

第二节　语言传播的定量模型 143

第七章　结语 158

第一节　主要研究内容 158

第二节　余论：对中国汉语对外传播的启示 161

参考文献 177

第一章　绪　　论

第一节　问题的提出

在当今国际语言的版图上，英语的传播无疑是最为成功的典范。从传播广度上看，当英语在 16 世纪开始海外扩张时，使用它的人口只有 500 万人，而现如今全世界使用英语的人口已遍及各大洲超过 20 亿人。从传播深度上看，在全球 224 个国家和地区中，以英语为母语或官方语言的国家多达 44 个(吴应辉，2013) ，将英语作为通用语言使用也有几十个国家和地区之多，其他绝大多数国家几乎都把英语作为外语学习的首选。简单地讲，曾经沦为英语殖民地的国家或地区，现如今英语即使不是官方语言，也成为了通用语言，又或者是外语教育中必不可少的教学语言；而非英语殖民国家也纷纷加入把英语作为第一外语的阵营。可见，当今的世界各国在政治、经济、文化和科技等领域对英语的依赖性之强，是任何其他语言都无法比拟的，因为拒绝使用英语就意味着切断同外部世界的广泛联系。那么究竟是什么原因造成了英语的大范围传播呢？有人说没有英国的海外扩张，就没有今天英语的广泛使用。但海外殖民这个特殊的历史时期同时也成就了西班牙语、法语等语言的国际推广，为何唯独英语成为“霸主”语言？英语的传播模式或途径是否有其独特性？在今后几十年或几百年里，英语的超语言地位能否一如既往地保持，无论是覆盖领域、使用人数，还是国际地位都将不会发生深刻变化？

在寻求解答这些问题的过程中，Crystal Graddol 1997 年出版的《英语的未来》和 2006 年出版的《英语的下一步》对笔者的触动比较大。在《英语的未来》书中，通过统计模型(Engco Model) 的分析，预测 21 世纪世界语言等级(Hierarchy) 依次为英语、德语、法语、日语、西班牙语和汉语。英语的发展会趋向平衡，而汉语将成为不得不学的一种语言。如今十多年过去了，Graddol(1997) 的那本书中很多预测都已成为现实。其中，英语的发展世人有目共睹，而汉语成为世界 6 大语言之一，也已被瑞士的社会学家 George Weber 通过语言评价体系证实。那么 Graddol(2006) 在《英语的下一步》中借助量化手段就英语前景做出的预测会不会再次被验证呢？他认为，亚洲将会决定英语成为全球语言的未来。按照他的预测，亚洲尤其是印度和中国将在英语成为全球语言的过程中起关键性的作用。鉴于此，笔者认为亚洲作为英语传播的客体非常值得研究。

针对以上这些问题的探索，提出的具体研究问题如下：

(1) 西方一些主要国家的语言传播战略具有哪些特点？与之相比，英语之所以能大范围的推广，成就语言“霸主”的地位，其内在的传播机制具有哪些优越性？

(2) 在研究几种通用语言的传播史基础上，语言传播能否推演出相关理论？

(3) 从历时层面，在不同历史时期，英语国家在亚洲推广英语的策略是什么？有没有什么转变?

(4) 从共时层面，基于亚洲国家的不同政治、社会和文化等特点，英语在亚洲有哪些具体的传播手段？

(5) 殖民与后殖民时期，英语在亚洲传播引发了哪些社会、政治、宗教、意识形态问题？

(6) 英语在亚洲的传播将会发生哪些变化？当下亚洲国家如何应对英语传播的动态变化？

(7) 通过梳理和把握英语在亚洲传播进程的演进规律和特征，能否探讨与构建英语在亚洲传播的动态模型？

(8) 能否推而广之将此模型运用到其他语言的推广上，从而构建语言传播的普适理论，希望对汉语的对外传播有所启示？

一、相关概念的界定

为了便于本研究的论述，现将研究中涉及的一些常用的、易混淆的、与语言政策和语言规划相关的专业术语集中简述如下。

(一) 语言传播/语言扩散(language dissemination /diffusion and spread)

在语言规划的相关研究中，一般都会涉及语言传播或语言扩散的内容。那么二者是否属同一概念？Cooper(1989,1982) 对语言传播做过两个经典的定义：

(1) 一种语言或语言变体使用者的增加或用途的扩大。

(2) 一个交际网络为了实现特定的交际功能而采用某种语言或语言变体，随着时间的推移，该网络的规模得以扩大。

国内学者薄守生(2007) 认为，Cooper(1982) 对语言传播的定义即语言学领域的语言扩散。他认为语言空间扩散，即语言传播。语言在对外扩散中存在，语言传播使语言保持活力，如果没有语言的传播，语言就会枯竭就会死亡。

Spolsky(2000) 认为，语言传播是“某个地区在某段时间范围内不断扩大对一种语言或其他方言使用的现象”，其实也暗含语言传播即语言扩散。

(二) 语言传播/语言推广(language promotion)

张西平、柳若梅(2006) 曾介绍英语、法语、西班牙语的国际推广，直接用语言的“对外传播”来指称；赵世举(2007) 直接用“语言国际传播”来指称语言的国际推广。那么究竟什么是语言推广？语言推广等同语言传播吗？

Ammon(1989，1990) 认为，“政治家们宁可用‘语言推广’……‘语言传播’(却) 是社会语言学的一个常见的术语，意味着有目的地试图传播一种具体的语言甚或几种语言…政治家们往往用一句话表达两个目的：保持并传播一种语言,或再度传播一种语言……如果把导致一种语言传播的条件弄清楚了，语言传播政策也就会更加行之有效。”很明显，政客们更喜欢“语言推广”这个术语，“语言推广”是有目的的传播一种或几种语言。从这个层面上讲，语言推广即语言传播，包括国内语言推广和国外语言推广。

郭熙(2007) 对语言传播的定义中包括了语言推广的含义。他认为，“所谓语言传播，通常是指一种语言的使用区域的扩大。社会语言学通常把语言传播分为两类，一是自然传播，一是对某种语言有意识的传播。无论是前者还是后者，其结果都是一样的，即强势语言使用范围不断扩大，而这同时也意味着弱势语言使用范围在缩小。这种扩大和缩小就带来了语言的竞争。”

因此，本研究中的语言传播主要包括隐性的语言传播和显性的语言传播。前者指以非语言传播为手段(如文化、宗教等) 造成的语言扩散，语言传播即对语言扩散的描述。后者指在国内外有目的地推广某种语言，包括国内层面的语言推广和国外层面的语言推广。

（三）官方语言/国家语言(official language/national language)

因国家和地区范围界定不同，官方语言只是个相对概念。具体而言是一个国家通用的正式语言或认定的正式语言，它是为适应管理国家事务的需要，在国家机关、正式文件、法律裁决及国际交往等官方场合中规定一种或几种语言为有效语言的现象。官方语言也是一个国家的公民与其政府机关通讯时使用的语言。一个国家的官方语言一般从该国使用范围最广或使用人数最多的语言中选择一种或几种，如中国为普通话，日本为日语，法国为法语。有的国家只有一个官方语言，如德国；有的国家有几种官方语言，如印度的官方语言是印地语和英语，新加坡的官方语言有 4 种：英语、华语、马来语和泰米尔语；有的国家没有法定的正式的官方语言，如美国。

国家语言，简称国语。国语指在全国范围内各个民族、各个地区之间的通用语。通常它是从一国的本土语言或民族语言发展而来的，最后成为该国官方或宪法的认可和保障。一般一个国家只有一种国语，如印度的国语是印地语，新加坡的国语是马来语。但是也有例外，如瑞士有四种国语——德语、法语、意大利语和罗曼什语。

二、研究的意义

诚然，研究一个多世纪的英语在亚洲的传播有较大的难度，一方面它在时间上跨度比较大，很多国家历经一个或多个殖民时期，再到独立建国时期和全球化发展时期；另一方面亚洲涵盖的空间地域比较广泛，虽然与中国存在地缘结构、文化传统以及价值观相似，但由于殖民、宗教、意识形态等复杂因素，很难逐一归类研究。但正因为如此才使得本研究具有重要的理论意义和现实意义。

（一）理论意义

1. 丰富和发展了语言政策和规划的理论研究

随着经济的全球化，语言政策和语言规划日益受到世界各国和地区研究者的关注。语言政策主要包括两个方面的内容：就语言本身的地位、发展、规范和改革所制定的标准与法规；对语言文字使用的要求与规定。语言规划包括：本体规划、声望规划和地位规划。从文献综述可知，国内研究者对语言政策和规划的研究还处于初始阶段，以表象描述居多，而系统论证、理论构建不足；或偏重静态的政策文本分析，忽视动态的政策发展研究。本研究以殖民和后殖民时期为背景，以英语传播的历史发展轨迹、语言发展规律和英语地位等级作为维度，借助 Cooper 的语言政策和规划的理论框架，从英语传播的主体、影响、客体、动因、背景、传播模式、策略以及效果八个方面，深入研究英语传播在殖民时期和后殖民时期带来的问题，探索性地提出构建英语传播的动态模型，同时也设计英语传播政策的制定、实施和评估分析，因而丰富和发展了语言政策和规划的理论研究。

2. 突破了仅从政策文本视角研究英语传播的局限

研究一个多世纪的英语传播的发展变迁，难度较大。为了更好地展开研究，以便将厚重的英语传播的发展历程呈现出来，本研究尝试采用静态的政策文本分析和动态的政策过程分析两个框架，以殖民时期和后殖民时期为转折点，进行历时的政策发展文本分析，尤其对传播的途径、策略及转变动因进行梳理和归纳，以形成对英语在亚洲传播历史的发展轨迹进行准确把握；再将每个时期的亚洲国家按英语地位等级维度划分，每个等级选取有代表性的国家，对同一时期不同亚洲国家英语传播的主体、深度广度和策略表征进行多因素、多角色的对比考察，必要时辅以问卷、访谈等实证研究方式，从宏观上对语言传播政策进行动态分析。这种将政策文本的静态分析与政策过程的动态分析结合起来的研究方法，弥补了单一分析之不足。

（二）实践意义

1. 对执行外语教育政策的实践活动有一定的指导意义

一项教育政策制定出台，主要由各级政府、教育主管部门、相关部门、各级各类学校及其工作人员来负责实施。那么在制定和研究语言教育规划和语言教育政策时一定不能脱离国际背景，要用国际视野来分析和制定语言教育政策，才能更好地实施教育政策。因此，通过解读英语在亚洲的传播历程，分析和总结 20 世纪以来亚洲国家应对英语传播的经验与教训，有利于增强人们对语言政策的理性认识，树立正确的外语改革理念，以减少在外语教育政策执行过程中出现的政策执行实际结果与政策目标、政策内容不相符合的现象，尽量避免政策失真现象的产生，最终提高外语教育政策执行的经济效率和社会效益，消除外语应试教育的负面影响，促进外语教育事业的健康发展。

2. 对汉语的对外推广有一定的参考价值

本书力图全面地梳理英语在亚洲推广的政策与实施体系，通过考察英语推广的发展历史与实施现状，比较深入地总结其语言推广的成功经验。本书虽不具体涉及中国的汉语国际推广，但通过比较在语言推广方面具有典型意义的英国经验，我们可以根据汉语国际推广的实际情况，做出有针对性的政策和措施调整，使我们更好地在宏观上制定切实可行的推广政策，在微观上把握好汉语国际推广的实际运作。

第二节　国内外研究述评

一、国外研究现状

语言传播并不是一门理论驱动的学术研究领域，它主要立足于解决社会中的语言问题。语言传播的理论还远未成熟，尽管世界各地语言规划和语言政策实践非常丰富，但是学者对其事实本身缺乏必要和全面地描写与解释，这也是语言传播理论尚不能形成重大突破的根本原因。基于本研究跨学科的性质，国外语言传播的相关研究主要从语言规划研究、多因素的关联研究和外语政策研究三个方面来进行归纳和总结。

（一）语言传播与语言规划研究

语言政策和语言规划不能完全独立来看待。从概念上说，语言规划比语言政策更宽泛，指政府或其机构、个人等对语言及其社会功能的管理行为，其中包括语言政策。语言政策则更多地表现为观念、法律、规范、规定等，通常由政府或政府部门制定。可以说，语言政策是语言规划的重要组成部分(王辉，2010) 。

在语言规划的相关研究中，一般都会涉及语言传播的内容。早期的语言规划研究采用二分法，将语言规划分为地位规划(status planning) 和本体规划(corpus planning) 两类(Kloss,1969) 。地位规划是与语言的外部社会环境相关的规划，包括语言的选择(如官方语言、国语等) 和语言传播等活动。因此，语言传播与语言规划有着密不可分的联系。

1．语言规划的理论研究层面

Cooper(1982) 是语言传播研究最有代表性的学者，他主编的论文集《语言传播》(*Language Spread*) 共收录了论文 15 篇，各篇侧重点不同，对很多问题进行了探索性的讨论，主要从语言学角度探讨了语言传播的本质、原因、方式以及研究方法等问题。他将语言传播(*language spread*) 定义为“采用某种语言或语言变体所实现特定交际功能的交际网络比例随着时间的推移在不断扩张”的过程，并提出一个基础性的语言传播研究框架(5W)，即“谁经过多久时间、以何种方式、出于何目的、采用了什么(语言形式和功能) ?”这种语言传播框架是建设性地借用了传播学拉斯韦尔的“5W 模式”，试图涵盖语言传播研究所应涉及的各领域。但是语言传播框架中的描述有些过于笼统，具有以下明显的局限性：首先，忽略了语言传播中“反馈”的要素。在这个语言传播框架中，语言传播活动已经人为地被设定为一种单向的传播模式，所以受 Cooper 模式的影响，过去的传播研究往往都忽略了反馈过程的研究。其次，这个研究框架忽视了传播者和传播组织为了什么去传播。最后，这个语言传播框架只重视受传者的地位，忽视和剥夺了传播者的地位。

Quirk(1988) 从社会学角度对于语言传播模式也进行过深入的探讨。他认为，语言传播模式主要包括人口模式(demographic model) 、帝国模式(imperial model) 、经济文化模式(econo-cultural model)。人口模式指一种语言是通过人口迁移而进行传播的；帝国模式指一种语言是通过对殖民地国家人民的政治统治而进行传播的；经济文化模式指一种语言是通过思想而进行传播的。虽然 Quirk 大体区分了语言传播的几种方式，但是一方面他的分类过于笼统，还有一些其他模式(如科技、宗教、政治等) 有待于挖掘；另一方面，语言传播几种模式之间的关系，在不同历史时期哪种模式更占据主导地位缺乏进一步的阐释。

此外，还有一些学者从影响语言传播的各方面因素入手，试图对语言传播的动因进行归纳。 (Liberson 1982) 认为,语言传播与语言的习得、语言保持、语言转用、双语和语言扩散有关，而且他还引用了交通和通讯领域的术语，认为距离、交通、流通量和交往影响了语言的传播。Ferguson (1982) 主要阐释了语言传播中宗教这一因素，他把语言传播界定为特定语言或语言变体使用者的人数或使用量在时间上的增加，这种增加典型地——尽管不是必然地—以牺牲其他语言或语言变体的使用为代价。Hans (1994) 主要从语言规划层面认为语言传播主要涉及官方语言和语言教育等问题，立足语言传播政策的制定与实施。Ager (2001) 则对不同国家的语言政策与规划的动机进行了系统研究，总结出语言传播政策的一般动机模式。Bernard Spolsky(2004) 提出语言政策必须关注语言实践、语言意识形态和语言管理三个方面，为语言政策研究指明了研究路径。美国德州大学的语言政策研究专家 Thomas Ricento(2006) 就语言政策研究的理论和方法进行了深入而系统地探讨，在国外学界具有较高的学术价值。他较为全面地介绍了当今语言政策研究的主要理论视角，如语言政策研究模式、批评理论、后现代主义、语言经济学等新兴观点，同时，还从国家民族身份、语言权等视角探讨语言教育研究的话题，为后续研究提供了有益帮助。

2．语言规划的实践研究层面

长期致力于英语传播研究的丹麦学者 Phillipson，在《语言帝国主义》一书中分析了英语的传播政策以及英语强大后对世界各国语言的影响。他明确指出英语全球化是西方文化霸权主义，或者是美帝国主义形式形态的延伸。在书中，他用大量第一手资料分析美国和英国全球英语推广政策背后的殖民统治和政治渗透意图，揭露其后果是造成了新的文化和政治上的不平等。他认为英语全球化推行的美英为首的英语体系，企图用一个语言标准凌驾于其他国家之上，从而严重影响了世界英语的多样性和语言的多元化生态。英语使用范围扩大到如此地步，原因在于英语国家的“外援”，很多用于“支持”第三世界的英语教学。他认为这是个大阴谋，因为越“支援”，越“依靠”，英语霸权就会变得结构化，成为制造殖民意识形态的场所。以色列语言学教授 Spolsky (2004) 则认为“英语发展成为全球语言不是语言管理的最终结果，而是反映了地区和个人对语言学习的决策，是其对世界语言系统的复杂的生态变化的响应。”英国专家 David Graddol(1997) 曾预测，在全球范围内，英语学习的人口已经开始激增，在未来 10～15 年中可能达到顶点，大约稳定在 20 亿人左右。英语学习者的年龄和英语水平将呈现出一个复杂和变化的局面。他明确提出英语作为“外语”学习的范式即将结束，取而代之的是“全球英语”(Global English) 。全球英语将成为新的全球主要交际工具，是一种超越了语言、人种和文化差异的、便于相互了解和沟通的语言。

在警惕英语霸权主义的同时，世界上不少国家开始致力于向国际推广本国语言作为外语教育活动，从而增强本国的软实力。西班牙语在世界部分地区属于通用语，很多学者如 Molinero(2006) 从全球化宏观角度和西班牙语教育微观层面，通过分析国际政治、经济和文化变化，结合西班牙语作为外语在国外传播教学的个案，探讨西班牙语在国际上是否构成语言霸权，是否弱化其他语种教育，是否受到其他语种威胁以及西班牙语国际推广战略的研究框架等问题。Sanchez(2002) 在谈到西班牙语在境外的传播时说，1990 年西班牙内阁批准成立了“塞万提斯研究所”来负责西班牙语在外国的传播，语言传播得到了外交部、教育与科学部、文化部和国家电台和电视台的支持。

法语曾经是辉煌一时的世界部分地区的通用语，现在在受到英语全球化冲击时，法国也十分重视对外推广法语，希望法语维持“具有国际影响的语言”。例如，法国学者 Kleineidam(1992) 研究了法国的传播政策以及法国采取的语言行动。他认为法国政府所采取和鼓励的语言传播政策，旨在保证法语在法国境外得到传播或维持其现状的全部政策的总和。他的研究范围不涉及法语在国内的传播，因为法语的内部传播已成事实，法国政府主要通过教育和文化空间、传媒空间、科学和技术空间、国际族的空间等渠道和手段来对外推广法语。Nolan(2010) 对法国的语言政策和多语状况进行了详细研究，并对 1992－2004 年的诸多语言事件进行了发展性研究。

另外，世界上主要发达国家，如德国、俄罗斯，包括日本和韩国都先后开始关注和实施本国语言的国际推广项目和专题研究。例如，德国学者 Ammon(1992) 阐述了联邦德国传播德语的政策。日本学者平高文也(1992) 回顾了日本的语言传播政策及海外政策推广。这些在海外的推广政策都说明，语言的国际推广与语言政策的制定有很大关系，语言的国际推广可以为语言的母国带来许多益处。

（二）语言传播与多因素的关联研究

与其他任何的语言规划一样，语言传播的发展也摆脱不了各种因素的影响，其中包括的因素有政治因素、经济因素、宗教因素、文化因素和意识形态因素等。

Cooper(1989) 的《语言规划与社会变化》是第一部详述语言规划领域并将之与社会规划和社会变化联系的著作。书中描述了政治家、教堂牧师、将军、国家领袖和其他人如何影响人们的语言使用。Cooper 认为，语言规划从来就不是为语言规划本身，而是为了达到国家融合、政治控制、经济发展和少数民族的绥靖等非语言目的的。

Harold F. Schiffman (1996) 的《语言文化与语言政策》考察了印度、法国和美国语言政策的演变，揭示了信仰、态度、神话故事等显性和隐性的国家语言文化和语言政策的关系。

Thomas Recento (2000) 主编的《意识形态政治与语言政策：以英语为主》汇集了语言界学者们对英语强势在不同国家社会意识形态与政治中的作用的探讨。研究表明，强势语言特别是英语，体现了多样的意识形态和政治观点。

Michael E. Brown 和 Sumit Ganguly (2003) 主编的《挑斗性言语：亚洲语言政策与种族关系》分析了亚太地区 15 个国家的不同语言政策对种族关系的影响。

Kaplan 和 Baldauf Jr.共同编著的《语言规划与政策》系列丛书包括了亚洲、欧洲、非洲、拉丁美洲及太平洋地区一些国家语言规划与语言政策的基本情况研究。对亚洲的语言规划和语言政策的研究，涉及日本、尼泊尔和中国台湾及大陆的汉字问题。对这几个地方的语言形势进行了分析，并探讨了中国汉字的现代化问题。对欧洲语言规划和语言政策的研究，主要涉及芬兰、匈牙利和瑞典三个国家。他们分析了这几个国家语言政策的历史和现状，包括语言教育政策、媒介角色、宗教角色和移民语言等几个方面，还亲自参加了这几个国家语言政策的制定。同时对非洲博茨瓦纳、马拉维、莫桑比克和南非几个国家的语言规划和语言政策进行了论述。

徐碧美和美国著名语言政策专家 James Tollefson 的《亚洲语言政策、文化和身份》，分析了亚洲各国和地区的外语政策与其文化和身份之间的冲突和调适等问题。书中通过精选的 14 篇相对独立的论文，从文化和身份的视角考察了东亚地区外语政策的定位和趋势，从而把东亚地区外语政策研究的特殊彰显出来，为形成全面地东亚地区外语政策发展研究提供了崭新的视角。

Curdt-Christiansen(2009) 对魁北克省中国移民家庭语言政策的意识形态因素进行了深入的分析，指出社会政治和经济因素强烈影响家庭语言政策，而且父母的教育背景、移民经验和文化性格都会影响他们对子女的语言教育及语言选择的指导。

（三）语言传播与外语教育政策研究

世界通用语言(如英语、法语、西班牙语等) 的广泛传播导致了语言接触和交流的不平衡，引发了激烈的语言矛盾与冲突，这迫使人们冷静、严肃、深入地观察和研究语言传播与外语教育的政策与规划问题。

英国学者 Chris Kenney (1984) 在《语言规划和语言教育》一书中系统介绍了语言政策、语言规划和语言教育的基本理论和调查研究成果，生动地提供了语言政策和语言教育的个案研究，为建立国家语言政策分析和研究框架，提供了理论和实践的经验。Cooper(1989) 提出了语言规划的另外一个主要类型，语言学习规划。他认为，语言学习规划分类的必要性在于语言规划大多旨在促进某种语言的传播，特别是通过教育途径的传播。语言学习规划可以通过教育扩大语言传播的范围，增加语言使用者的人数，语料库规划及语言地位规划组成语言规划的有机体。加拿大学者 Laforge(1990) 在《语言教学与语言规划》一文中指出，公立学校需要确定把哪种语言作为母语，哪种语言作为第二或第三语言，甚至作为外语来讲授和学习。Theo J. M. van Els (1994) 探讨了关于规划国家层面外语教育的一些基本问题，如需求的作用、提供何种语种、以及不同教育层次的特殊作用。Ho Wah Kam 和 Ruth Y.L.Wong(2004) 主编的论文集《语言政策与语言教育：对东亚国家后十年的影响》介绍了东亚各国和地区的语言政策中的政策、社会和经济因素，分析和展望了 21 世纪东亚地区语言政策和语言教育的发展。Sue Wright(2004) 是将语言教育政策置于全球化视野下探讨其发展趋势，从原来的民族主义到全球化，分析了全球化背景下的语言政策发展走向。Suresh Canagarajah(2005) 主编的专辑探讨了在全球化语境下，语言政策如何体现本土特质，重建本土话语的实践方式。所有这些研究都凸现了语言教育政策的重要性。Spolsky(2004) 在《语言政策》一书中指出，没有哪个国家的语言及语言教育不受英语的影响。他认为，学校课堂是语言政策发展的重要领域，并从语言管理和语言规划的角度，指出在看似封闭的课堂教学环境中，教师的教学语言和课堂话语都受制于语言政策，并对学生的语言获得具有决定性的影响。

二、国内研究现状

近年来，我国的语言规划与语言政策日益得到关注，该领域的研究呈现出良好的发展态势。学者或对语言规划和语言政策的理论进行研究，或者对语言规划实践进行探讨，或者对其他国家的语言规划和语言政策进行介绍，形成对语言规划和语言政策的多维度研究视角。但是我国对语言传播领域的多维度研究还远不够充分。一方面，国内语言传播的相关研究缺乏深入、全面、系统的研究体系，仅停留在宏观的研究层面；另一方面，尚缺乏对语言传播在典型国家的国别研究，更侧重语言发展史、英语的国际化研究和对外汉语推广等领域。因此，本文对国内语言传播的相关研究主要从国内本土语言规划、国外语言规划成果译介以及语言国际推广研究三个方面来进行归纳和总结。

（一）语言传播与国内本土语言规划

近年来我国的语言规划研究出版了一些代表性著作，主要偏重于宏观理论与结合国内语言实况进行的研究。

1．宏观理论研究层面

李宇明(2005) 的《中国语言规划论》着重关注当代中国语言文字生活中的现实问题，特别是对汉语国际传播提出一些具有前瞻性和现实性的见解，并探讨语言文字规范标准的相关问题，梳理语言规划的理论与历史。李宇明(2007，2011) 不但从语言传播的分类(族内传播与族际传播) 入手，借用地理学明确界定了语言传播的定义，即语言传播是 A 民族(包括部族)的语言被 B 民族(包括部族) 学习使用，从而使 A 民族(语言领属者) 的语言传播到 B 民族(语言接纳者) ；而且他还高度剖析了语言传播的根本动因在于其价值，这一价值不仅取决于语言领有者的社会及历史地位,而且同时还要看它对语言接纳者有无价值，以及语言接纳者是否认识到其价值。这种从经济学视角由浅入深地论证语言和经济的关系，对于笔者探索语言传播模型中的变量有重要的启示。李宇明(2008) 的《语言功能规划刍议》一文，在传统的语言地位规划和语言本体规划基础上, 提出语言功能规划。文章认为，语言功能规划在地位规划和本体规划基础上进行，其任务是规划各功能层次的语言作用，或者说是规划各语言现象在各功能层次的价值与作用。文章把语言功能划分为国语、官方工作语言、教育、大众传媒、公共服务、公众交际、文化、日常交际等 8 个层次，把语言现象归列为国家通用语言文字、少数民族语言、汉语方言、外国语文、繁体字等 5 种，论述了这 5

种语言现象在这 8 个功能层次上的作用，并尝试性地填写了一份语言功能规划表。

姚亚平(2006) 的《中国语言规划研究》全面探讨了近代以来中国语言文字和语言生活的历史变迁，揭示了语言规划在其中的作用，并构建出中国语言规划的基本理论框架和分析框架。

郭熙(2007) 是从社会学角度提出语言传播通常是指一种语言的使用区域的扩大。他把语言传播分为两类，一是自然传播，一是对某种语言有意识的传播，并诠释强势语言不断扩张的同时，必然导致弱势语言的使用范围不断缩小，形成语言竞争的局面。

郭龙生(2008) 的专著第一次从地位规划、本体规划和传播规划三个方面分析了中国当代语言规划特性、原则、方法和实施条件，构建了中国当代语言规划的理论框架。

薄守生和赖慧玲(2009) 在《当代中国语言规划研究：侧重于区域学的视角》一书中，则从经济学分析、语言政治、语言法等不同角度对语言规划面临的很多问题做了深入的研究，讨论了与语言规划息息相关的对外汉语教学战略、语言传播、语言与身份认同等重要问题。其中对于语言传播的理论构建，也提出了纯学术层面的理论探索。

吴应辉(2013) 在其《汉语国际传播研究理论与方法》一书的第二章，从语言传播的概念、规律、理念和原则等方面探讨语言国际传播的相关理论，认为“语言具有价值，但不一定具有传播价值，只有具有传播价值的语言才能传播，只有具有国际传播价值的语言才能在国际传播”。此外，他还试图建立语言传播体系的理念，这对于本书构建语言传播的动态模型有非常重要的启示。

2．语言规划研究实践层面

戴曼纯和刘润清(2012) 在《国外语言规划的理论与实践研究》中对亚洲、欧洲、拉丁美洲等相关国家的语言规划进行评述与探究。此外，戴曼纯发表了 10 余篇文章分别对苏联语言政策变迁及影响，德国语言政策及语言生活现状，乌克兰语言政治与语言生活现状及语言规划的制约因素，国家安全为导向的美国外语教育政策，以南斯拉夫为例对语言民族主义的政治功能进行研究。

对于我国各地的语言规划措施，也有不少学者研究。涉及的地方有香港、海南、澳门、武汉、台湾、广州等地。柴改英和王爱华(1998) 在《香港语言规划：从重英轻中到中英并重》中，回顾了香港地区在英国统治下的语言发展变化的过程，并就语言的发展趋势做了科学的预见，提出了语言规划局限性。盛炎(1999) 在《澳门语言现状与语言规划》中从社会语言学的角度描述澳门语言的现状，在此基础上，对澳门语言发展趋势作初步预测。此外，《澳门的语言规划》(谭汝为，1999) 、《也谈澳门语言的发展趋势及其语言规划》(胡性初，2002) 、《澳门语言状况与语言规划研究》 (黄翊，2005) 等文章也对澳门的语言规划情况作了阐述。《台湾语言文字规划的社会语言学分析》(赵会可，2005) 、《二战后台湾语言政策研究》(熊南京，2007) 、《台湾语文政策概述》(许长安，2011) 、《对 2010 年广州亚运会语言规划的建议》(于锦恩，2008) 等文章则对台湾和广州等地的语言规划和语言政策做了研究。

另外，“中国语言生活状况报告”课题组自 2006 年开始每年出版《中国语言生活状况报告》上下册，旨在分析当年中国语言文字使用现状，反映社会各个领域语言使用中的新特点新变化，阐述各年度中国语言使用中的重大理论和现实问题，预测语言发展变化的趋势，提出相应的政策建议。

(二) 语言传播与国外语言规划成果译介

国内目前对国外语言规划实践经验的介绍，涉及欧、美、亚、拉美、非几大洲一些主要国家的语言政策和语言规划的论文和文献。

何俊芳(1998) 在《俄罗斯联邦诸共和国的新语言政策述评》一文中介绍了俄罗斯在对待民族语言方面的政策。周庆生(2001) 主编的《国外语言政策与语言规划进程》一书，通过编译国外语言政策理论和经验，较为全面地介绍了影响语言传播的动因、语言传播的宗教因素以及语言传播政策的国别研究。伍慧萍(2003) 在《德国的欧盟语言政策：从边缘化到重视》一文中研究了德国为提升德语在欧盟机构中的地位所采取的语言政策。周玉忠(2004) 主编的《语言规划与语言政策：理论与国别研究》，通过编译国外语言政策理论和视角，较为全面地反省了世界主要国家的语言政策。刘福根(1999) 和刘汝山等(2003) 分别在《澳大利亚语言规划简述》和《澳大利亚语言政策与语言规划研究》文章中介绍了澳大利亚的多语政策。王辉(2010) 在《澳大利亚语言政策研究》中，以语言政策的最新理论为指导，论述了澳大利亚19世纪中后期以来语言政策从语言放任化、同化、多元化到优先化的发展演变过程，从语言资源、语言与认同、语言与政治、语言与经济等视角深刻分析其语言政策制定和变化的动因，并力图建立一个分析澳大利亚语言政策的理论模型。蔡永良(2007) 在《美国的语言教育与语言政策》中，从历史角度对美国的语言教育和语言政策加以审视，揭示了美国历史上的“唯英语化”教育运动及其对印第安部落的语言灭绝政策。李英姿(2009) 在《美国语言政策研究》的博士论文中，较为系统地回顾美国建国以来的语言政策发展历史。对当代美国语言教育政策的比较研究还有孙渝红(2009) 和张治国(2009) ，他们分别从美国国家战略角度和全球化视角审视美国语言教育政策。此外，《新加坡的语言教育与语言规划》(周清海，1996) 、《马来西亚：多语言多文化背景下官方语言的推行与华语的拼争》(郭熙，2005) 、《从民族身份看欧盟多元化的语言政策》(李兴华，2006) 等也均属于国外语言政策的研究成果。

另外，也有一些论文对语言规划的动机、目标、规划者和国外语言规划经验做了译介。例如，《语言规划的动机分析》(刘海涛，2007) 对丹尼斯阿格在《语言规划和语言政策的动机研究》一书中论述的语言规划和语言政策的七个动机作了介绍，这七个动机是：身份认同、意识形态、形象、不安、不平等、融合、工具。《语言规划的目标及规划者》(李明琳，2007) 对国外语言规划的目标及规划者的研究进行了译介。

（三）语言国际推广研究

1．汉语的国际推广

李宇明(2010) 在《中国语言规划续论》指出，语言强弱不仅是国家强弱盛衰的象征，而且语言也会促进国家的发展强大。语言是文化的基础、民族的象征，是“软国力”的核心。语言是人类最重要的交际工具，80％的信息由语言文字来负载来传递，提出大力倡导推广汉语国际化的重要性。此外，《面对英语渗透的语言规划》(左秀兰，2006) 、《全球化时代面对英语扩散的我国的语言规划》(王辉，2006) 、《由“法语保护主义”引发的对汉语汉字地位的思考》(罗秋雨，2006) 、《英语全球化挤压下的汉语教育》(凌德祥，2007) 等文章也体现了这种观点。北华大学学报(社会科学版) 从2005 年也开始设立“焦点论坛”栏目，作为学术热点、焦点，组织大量稿件对这个问题进行了广泛深刻的讨论。学者们认为，当前我国应该全面提升汉语地位，外语教育制度必须改革。

2. 官语言的国际推广

从国内目前的研究现状看，北京外国语大学张西平(2008) 教授等人对世界主要国家的语言推广政策进行了比较系统地研究，他强调重视汉语国际传播，更须加强国内汉语教育与研究，树立母语的自信心和自豪感。固本方能强末，根深才能叶茂。吴坚(2013) 在《全球化下国家语言推广战略：政策、模式与中国的借鉴》一书中，也从战略角度总结了国外语言推广成功的经验，在分析中国汉语国际推广面临的形势与问题的基础上，借鉴国外语言对外推广成功的经验，提出了改善中国汉语国际推广的对策与建议。除此之外，专门探讨语言推广政策的著作还是相当缺乏的。在中国学术期刊网(CNKI) 上，笔者以"语言推广"作为题名搜索学术期刊和硕博论文数据库发现，从 1993 年至今一共有 20 余篇专论语言推广的文章，其中探讨日语、葡萄牙和巴西的语言推广，其余几篇则属于相对宏观的论述，直接相关的硕博论文也只有 5 篇。大量的文献探讨的是各国国内的语言政策与语言立法，很少涉及对外语言推广政策及其实施措施等。

就英国海外英语推广政策而言，除了在少数论文及著作中涉及有《德罗赫达报告》等政策文本的核心精神介绍外，目前尚无较为系统地梳理各时期重要政策的研究成果。对英国文化委员会这一国际知名的语言推广组织，已有的研究也只是从这一机构的现状入手加以简单的介绍，没有把该机构同英国海外语言推广的历史与现实紧密结合，更缺乏对这一机构的组织架构、组织理念等问题的深入剖析。除此以外，较为全面地梳理当代英国海外英语推广的实施体系，比较深入地总结其海外语言推广的典型经验及改革动向，这都是比较教育学者与语言推广研究人员亟需拓展的研究课题。

第三节　研究方法与视角

一、研究方法

（一）文献分析法

文献分析法主要指搜集、鉴别、整理研究前人的研究成果，形成对事实科学认识的方法。文献分析法是人文科学研究中非常重要而且经济有效的信息收集方法，它通过对与研究相关的现有文献进行系统性的分析来获取研究信息，本书自然也少不了应用文献分析法。本研究要探讨英语在亚洲一个多世纪的传播发展与变迁，当然要还原历史图像以鉴古知今。在史料方面，笔者在国内尽量收集原始档案资料，如相关国家的政策法令、调查报告、评估报告、统计数据、新闻稿、年鉴等作为分析和研究的依据。此外，笔者大量阅读与分析前人的论著、近年最新研究成果和发展趋势，通过对英语在亚洲殖民与后殖民时期传播的途径、策略及转变动因进行梳理和归纳，从中辨析其重要的观点与看法，提炼自己的观点，以便对在英语亚洲传播历史的发展轨迹进行准确把握。

（二）历史研究法

历史研究法是运用历史资料，按照历史发展的顺序对过去事件进行研究的方法。它与其他定性研究一样，关注一个真实情况中的自然行为，着重于解释在具体背景中的行为有何意义。但历史研究本身并不创造数据或事实，而是力图发现正以某种形式存在的数据或事实。历史研究法是一种很有价值的研究方法，首先表现在通过历史研究获得大量史实，能为现实决策提供信息，且有助于理解现实问题。这就是“以史为鉴”的含义。历史上的改革可以通过研究而服务于现在。其次，历史研究对于预测未来趋势也十分有用，可以提供避免重复犯错的信息。本研究涉及一个多世纪的历史发展阶段，为了能够全面分析英语在亚洲传播与发展的特点，必然要从英语传播的历史入手，梳理和把握英语在亚洲传播进程的演进规律和特征，寻求英语在亚洲传播的趋势，更好地服务于汉语向世界的传播与推广。

（三）比较研究法

比较研究法是人类认识客观事物的一种重要方法，它是一种根据一定的标准对不同的国家(地区) 的语言传播进行比较研究，找出各国语言政策的特殊规律和普遍规律的方法。在应用比较研究法中，经常要运用到分析、对比、综合、抽象、概括、归纳、演绎等思维方式。比较研究法的种类很多，依据不同的标准，可以区分为不同的比较方法。如按类别来分，有同类相比和异类相比；按规模来分，有宏观比较和微观比较；按时空来分，有纵向比较和横向比较。本研究由于涉及一个多世纪的历史发展过程，如果要将政策发展的脉络与阶段性特征呈现与展示出来，需要以时间作为研究维度，对不同阶段的社会背景和不同历史时期的语言政策进行比较，以把握英语在亚洲传播政策的演化、途径与策略，揭示其传播的本质及其规律。另外，在对英语在亚洲传播政策分析的过程中，从横向角度比较同一时期不同亚洲国家英语的传播主体、深度与广度，在比较中发现英语在中国传播的趋势，借鉴学习他国的外语教育政策的经验，寻求适合中国外语教育政策的模式。

二、研究视角

语言规划是一个庞杂的系统工程，是人类在一定限度内对语言选择过程进行的有意识干预，它不仅仅是对语言本体的规划，更多的是语言应用的规划，甚至牵涉到透过语言问题对人与人之间以及与社会之间关系的调整。它具有跨学科性质，需要不断地吸收其他学科成熟的理论和方法来完善自己。因此，目前很难找出一种普遍适用的理论为语言政策的发展提供有力的解释和指导。鉴于此，本研究决定引入生态学、经济学、语言学和社会学的理论，旨在为解读语言传播或推广政策带来新的思路。

（一）生态学视角

生态学视角是将人类的语言文化看成一个类生物系统的有机统一体，它的均衡有赖于世界各国、各民族等各方面的相互努力。然而在全球经济一体化越来越深入发展的今天，民族语言的自我保护机制正在产生作用，强势语言挤压弱势语言的“战争”使语言生态系统面临严重失衡。Phillipson的语言帝国主义理论和Kaplan的语言生态观是从生态学出发，对语言传播的两种解读思路。Phillipson受传统语言规划的目标影响，认为语言传播是语言管理的结果，以减少语言多样性为目标；语言生态观的目标则是保持语言生态系统内交流方式的结构多样性，强调语言传播即重建“自我调节”的语言多样性。

1. 语言帝国主义

语言帝国主义(linguistic imperialism)是由Skutnabb-Kangas和Phillipson提出的，他们认为，语言传播是语言谋杀(linguistic genocide)，用一种外来的强势语言取代一种本土语言，最后导致永久性的语言转用和本土语言的消亡。他们强烈地感觉到小语种使用者所遭受的痛苦以及语言弱势群体(如殖民地国家或地区的人们、移民、被政府国家的人们和少数民族) 的遭遇——处处都被限制在社会经济体的最底层。因此，他们认为，语言帝国主义实际上是一帮趣味相投的人蓄意干涉所带来的简单而直接的后果，换句话说是语言管理的后果。

对于语言的扩散，Phillipson (1992) 认为英语的推广不但是一种语言霸权行为，也是当一系列复杂的和相互联系的条件具备时所出现的必然结果，而且，还是殖民宗主国的政府、公务员、英语教学专业人员以及边缘国家(即前殖民国家) 的合作精英和接班人通过蓄意制定的语言政策所导致的结果。那么英语的传播是自然发生的现象还是人为造成的情景？是诸多因素相互作用而导致的意外结果还是政府官员精心策划而取得的管理结果？本研究认为，语言帝国主义只是解释语言传播这一现象的其中的一个视角，英语在世界的广泛传播是不可复制的历史产物，由很多复杂因素相互作用而成，很难用一种理论视角解读英语在亚洲不同国家的传播现状。

2．语言生态观

Kaplan(1997) 是最早将语言规划看作“整个语言生态系统”的学者，进而提出了一个基于语言生态观念的语言规划模型，他认为语言规划是对语言多样性的一种人工调节，语言规划不是要消灭语言的多样性，而是要保护这种多样性。

Mühlhäusler(2000) 也曾发表过一篇题为《语言规划和语言生态》的论文，指出生态语言学(ecolinguistics) 的出现为我们提供了一个机遇来重新考查语言规划实践及发展多参数的整体解决语言问题的方法。生态语言学用生态学的方法来分析现象，具有的特点是，不仅考虑系统内部因素，还考虑更宽泛的环境因素；认识到单一文化的危险；认识到自然资源和人文资源的有限性；着眼长远，认识到那些使语言生态健康的因素。生态语言规划追求的是语言的多样性，在规划中将多种因素考虑进来，是对语言生态系统的整体规划，而不是仅考虑个体语言。在生态语言规划的框架下，规划或管理行为是为了最终实现语言的自我调节，也就是说，现在的干预或管理是为了达到将来的无需管理的“自治”状态。

此外，日本学者 Tsuda(2008) 也提出语言生态模式(ecology of language paradigm) ，将语言现象置于生态背景中，研究语言符号系统的生态性质、语言发展的生态规律，强调语言的多样性，用以对抗英语霸权模式的观点。

(二) 经济学视角

自人类产生以来，经济活动就与语言发展有着密切的关系，任何经济活动都是一种互动行为，离开了语言，人类的经济活动将无法进行。因此，语言与经济之间关系的理论研究也为语言的推广提供了另一个理论基础，在很大程度上解释了全球语群的变动、语言的传播与衰亡。

1. 语言 Q 值理论

语言 Q 值是 Abram de Swaan(2001) 在《世界上的语言》一书中建立的模型，主要从经济学角度分析人们如何尽可能多地增加语言接触，这又如何令他们陷入集体行动的两难境地，甚至会导致语言冲突，改用另一种语言而抛弃本族语，并分析大语言集团和小语言集团之间不平等的交换关系。Q 值主要是由语言的流行度(prevalence) 和中心度(centrality) 相乘而得。流行度表示使用该语言能与语群中其他人直接交际的机会，中心度表示其他语言的联系程度，也表示间接与他人交际的机会。Q 值越高，说明该语言的交际潜能越大，是衡量语言交际价值高低的标准。

对于某个语群(S) 中的语言使用者来说，语言 i 的交际价值可以用 Q_i 表示，其中 p_i 表示语言 i 的流行度，它等于(S) 语群中语言 i 使用人数(P_i) 除以 S 语群中所有语言的使用人数(N_s) ；c_i 表示中心度，它等于用操语言 i 的多语使用者人数(C_i) 除以 S 语群中所有操多种语言的人数(M_s) ，它表示语言 i 与 S 语群中其他语言的联系。因此

$$Q_i=p_i \times c_i= P_i/N_s \times C_i/M_s$$

显然，语言的 Q 值越大时，也就表示这种语言越具有吸引力，人们愿意投入这种语言的时间自然就会增多，投入该语言学习的人数也会出现相应的增加，这也归因于语言具有公共产品的特性，使用人数具有不可控性，只要掌握该语言就可不受限制地利用其创造收益和效用。国内外语言经济学者利用 Q 值的计算方法进行研究，认为语言 Q 值决定了人们的语言选择，从而扩大了语言 Q 值较高的语言的流行范围。因此，语言 Q 值可以对一国通用语的推广效果进行测度。各国可以采用提高通用语的语言 Q 值的策略来开展语言的推广活动。Abram de Swaan(2001) 的书中还以欧盟国家选择官方语言为案例，考察了欧盟各语种的语言 Q 值演变情况，发现英语的语言 Q 值为最高，相应地，给英国带来的收益也很高。从语言 Q 值的研究来

看，Q 值越高，则获得正的外部性能量，意味着该语逐步扩张，在所有语言体系中占据强势地位，从而使得语言出现同化现象。而从 Q 值模型的可无限增值来看，弱势语言就会颜临消失。当然从语言生态角度，小语种有其存在的价值，有时可以避免民族冲突。不过，语言 Q 值能从语言的主体与受体的人数变化去解释某一社群内语言扩张的现象。简单来讲，某语言 Q 值越大，说明这一语群内自愿性投资该语言的学习和使用的人数在增加，其交际价值不断提高,进而促使该语言向更广范围外扩张。这从侧面反映了语言的扩张与语言的使用人数有密切关系。因而，语言 Q 值的引入能从语言使用人数对语言扩张的影响这一角度进行阐述。

2. 公共产品理论

公共产品指某－消费者对某种物品的消费不会降低其他消费者对该物品消费水平的物品(Samuelson,1954) ，它具有消费非排他性，对群体内全体成员开放。本研究将公共产品理论用于分析语言传播，因为在一个语言群体中，特别是一个语言异质性的国家或地区，语言的使用(很大程度上是通过语言传播来完成的) 也可以被认为是一种对公共产品的消费，语言传播而产生的收益主要来源之一是语言群体边界的溢出收益。这表现在语言的传播可以增强贸易往来、知识共享以及推动大多数经济与社会相关活动的组织、协调及管理，尤其能降低不同语言群体相邻或交界地区的信息处理与交流、劳动力流动的成本以及不同语言人群中共享的服务成本。其次，作为公共产品，语言有极强的网络外部性。在一个成分互补的社区群体(网络)内，语言被越多的人分享，它给人们带来的收益就越大，这就是语言作为公共产品的网络正外部性。

语言公共产品的特性与其网络外部性可以互为强化，有助于解释为什么一种语言一旦获得了凌驾于其他替代语言之上的优势，便趋向于崛起，而且这种优势越来越大。英语就是一个典型的例子。因为语言网络外部性的存在可以使所有进入某种语言网络的人以及那些与该网络有关联的外部成员都分享到这种语言所提供的交际机会，并获得收益，从而会吸引更多的人学习该语言，扩大语言的使用范围。此外，语言是一种公共产品，这种因网络外部性而引起的语言使用范围的扩大，无疑会使语言的公共产品性质得以强化。反过来，由于语言的公共产品性质，个人获得的网络收益与他人获得的收益并不冲突，语言所具有的公共产品特性又会强化其网络外部性的扩张，使优势语言不断得到推广。

(三) 语言学视角

1. 语言调节假设

语言调节假设(language adaptation) 是由 Coulmas (1989) 提出所以的。他认为，不断调节是个过程，不局限于某一个时代。因为语言反映语言社区的社会现实，所以语言不但要能满足特定的交际需要，还必须能胜任语言交际中的所有需要。即语言这个符号系统必须能充分履行某一语言社区的各种交际功能。

世界上的语言千差万别在于言使用的方式和履行的交际功能的不同，所以当由于政治的或意识形态的原因语言突然被赋予新的任务时，语言会突然显得力不从心，不能履行其应该承担的功能。本研究主要借助这一假设解释在殖民与后殖民时期，国家对语言发展的人为干预是必要的。因为社会的发展和语言变化的不同步性要求语言必须不断地进行调节，以新的交际要求，满足新的社会需要，否则一种语言就有可能消亡或被取代。

任何语言都必然经历不断调节和适应的过程。适应得越好的语言就越有可能成为更加重要的语言，例如英语、德语和日语等。它们完全适应现代教育、社会、经济、科学、技术和管理等现代交际的需要=发展中国家的语言现在需要适应，是因为它们还不能满足这些需要。就整体而言，宏观上的语言调节是个逐渐的、连续的、悄然的(unnoticed) 过程，由客观因素催化产生。但是在出现语言危机时，主观干预是必要的。此时，语言调节成为了政治目的。如为 保持语言的统一性、准确性、高雅性和纯洁性。充分调节是动态的，具有潜在的可变性。语言调节的成功与否取决于语言社区的意志。

2. 语言裂变-聚变模式

语言裂变－聚变模式是 Dixon(1997) 在《语言兴衰论》一书中提出的设想。他认为，裂变期既可能是由语言因素或语言以外的因素造成的。语言因素指一个语言可能(从自身的语言系统中) 演变出几种新的语法范畴或从句结构，使语言交流更加便利；非语言因素，如发生一些自然事件(如洪水、干旱、火山喷发) ，或出现具有侵略性的政治或宗教团体，或由于某种惊人的技术革新，或航行开辟了新疆域，使一个语言同另一个结构显著不同的语言进行接触，而更加完备或更具优势和声望的语言将分裂和扩张，形成一个语系。

随着裂变期逐渐落下帷幕，某个特定区域的语言会逐渐进入稳定的聚会模式。在聚变期间，语言经过很长的一段时期之后将变得越来越相似。语言范畴会扩散，尤其会在大部分地区扩散开，这些相似性会逐渐聚合成一个共同的原型语。

鉴于此，这一模式认为语系是在裂变期中快速形成的(可能只是几百年或几千年的时间)，然后在接下来的聚变期中(可能会持续几万年) 逐渐变得界限模糊。

本研究以语言传播为例。侵略行为通常会打断某个地区的聚变阶段，引发语言裂变。最近一次语言大裂变开始于 15 世纪，随着欧洲在世界各地建立殖民地侵略者统治了原住民，侵略者的语言也成为优势语言或声望语言，不断传播扩散，使大多数本地语言日渐衰退，最终被优势语言所取代，导致其他语言的灭绝。不过，这种优势语言长时间与本地语言接触，他们的语法轮廓也会逐渐变得接近。因此，本研究试图借助语言裂变－聚变模式(Dixon，1997) 描述和解释语言传播所经历的发展演变，并大胆预测英语在亚洲传播的动态模式。

(四) 社会学视角

1. 后殖民主义述行观

后殖民主义述行观(postcolonial performativity) 是 Pennycook(2000) 从社会学角度提出的观点，主要用于解释英语称霸过程中，地方语言是怎样对其抵制和挪用的。挪用(appropriation) 和混合(hybridity) 是后殖民主义研究中的重要概念，着重考虑混合、(语言的) 克里奥耳化、通婚、散居和阈限等问题，思想的流动性与交换，以及殖民主义导致的身份认同。本研究借助这一观点，试图解读后殖民主义时期语言、文化和认同感是怎样被拿来、挪用、调适、接受和再利用的。

首先，后殖民主义述行观不仅将全球英语霸权看成一种帝国主义，更是地方英语霸权叠加的产物。正如 Foucault(1980) 所说，权力不属于一些人或另一些人，而是整个社会共同运作形成的。因此，任何对全球霸权英语的理解必须建立在对复杂的地方霸权的理解之上。其次，后殖民主义述行观认为，后殖民主义主题不仅是殖民主义和新殖民主义的体现，更是使用土著语言文化和殖民语言(如英语) 的反抗与混合体。

鉴于以上的两种思想模式，Pennycook(2000) 认为，英语在全球范围内传播是有其政治影响的，但这种作用要用社会学理论去理解，并非事先预设的结果。随英语而来的文化扩张总会受到某种程度的改造、抵制或转变，没有绝对和必然的结果。在文化冲突中，不仅只是统一和分化、入侵和抵抗，更重要的是不受地域限制的第三种“文化”或第三个空间的产生，特别是在操各种混合语的大量国内、国际移民的情况下，作为国际通用语的英语已不再仅仅反映以英语为母语的民族的文化，而是常被用来体现使用者自己的价值理念，这一点已渐渐被人们所认识。英语的各种变体在以英语为非母语的国家中涌现出各种风格变体。风格迥异的英语变体是特定的历史条件和接触环境影响的结果，反映了不同地域文化的人改造英语的不同运作。

2. 马克思主义哲学

马克思主义哲学认为变化是社会的内在特征，经济是变化的决定性因素，经济基础决定上层建筑。这一理论在某种程度上也适用语言传播。除了语言自身的发展规律以外，语言的发展变化首先是受制于社会的，因为社会的变化会导致语言的变化。例如，不同的社会制度、文化形态的发展，社会对语言提出了的要求日益提高。全球化需要大范围的交流，信息化则需要更大范围的交流，人流、物流、信息流的不断增加，这要求不符合社会发展需要的语言或者加以完善或者面临淘汰，而适应社会文化和生产力发展的需要的语言必然能够大范围扩散。因此，社会变化对于语言传播有很强的控制力和管理力度，主要表现在语言传播赖以实现的物力、财力等由社会提供；语言传播发展的规模及其深度受制于社会生产力、社会制度与社会文化；语言传播的服务方向由社会的统治阶级规定；国家通过行政、法律和经济手段调节语言传播活动等等。

其次，经济的发展也决定了语言传播的速度。因为经济的发达程度直接决定着社会上人流、物流和信息流流量的大小，而这些不同的“流”的流量的大小就直接影响着社会对语言需求程度的大小。有需求才会有传播，只有当人们在各种“流”的流动过程中感觉到确实需要在一定区域内传播某种语言，某种通用语言的传播才能成为现实。

美国社会语言学的奠基人 W.Labov(2001) 也曾指出，语言变化的动力主要是社会性的。决定社会变化条件的政治、经济、人口等因素同样决定语言的变化和使用。鉴于此，本研究运用马克思主义哲学来解释语言的发展变化不是任意的、中性的，而是受制于它所依赖的社会，因为社会发展的力量驱动它向某个方向进化。一个社会的政治经济力量越大，它的语言就越有可能占据优势地位。

第四节　研究思路与总体框架

一、研究思路与框架

本研究以时间的发展阶段作为划分维度，以殖民或后殖民时期特有的社会政治为历史背景，运用 Cooper(1989) 的经济学、语言学以及社会学等理论相结合的分析框架，对英语在亚洲的传播进行全面考察和分析，探讨中国外语教育的发展规律。首先，本研究从纵向维度对英语在亚洲殖民与后殖民时期传播的途径、策略及转变动因进行梳理和归纳，以形成对亚洲英语传播历史的发展轨迹进行准确把握。其次，从横向维度，对同一时期不同亚洲国家英语传播的主体、深度广度和策略表征进行多因素、多角色的对比考察，从而深入解读英语在不同亚洲国家传播的复杂动因。再次，从英语地位等级维度，将亚洲分为英语为官方语言、第二语言和外语的国家，分别结合语言规划的文本，对英语传播的执行、评估和策略调整加以分析，尝试构建英语在亚洲传播的动态模型。

具体而言，本研究共分七章，研究框架如下。

(1) 第一章：绪论部分，明确研究选题、基本概念界定、国内外相关研究综述、研究方法与理论视角等问题。

(2) 第二章：语言传播的共性问题研究，主要探讨语言传播的本质与类型，揭示语言传播的理论背景，以及分析西方主要语言传播的成效。

(3) 第三章：介绍英语传播的历程与分布，主要包括英语的传播简史、世界英语的分布以及英语的传播模式。

(4) 第四、五章：这两章是殖民与后殖民时期英语在亚洲传播发展的国别比较研究，分别对英语为官方语言(印度、巴基斯坦、新加坡和菲律宾) 、第二语言(马来西亚、斯里兰卡等) 和外语(泰国、日本、韩国等) 的国家(英语地位等级维度）的英语传播政策发展的历史演进(纵向维度)，英语传播主体、传播的深度与广度、传播的表现形式等发展现状(横向维度）进行全面系统评价。

(5) 第六章：主要通过比较研究，分析英语在亚洲传播的驱动力和传播的变迁，把英语传播作为了动态过程，尝试构建英语在亚洲传播的动态模型。

(6) 第七章：结论章，在前面研究的基础上，通过探讨英语在亚洲传播的发展规律，从政策制定主体和政策的实施与评估几方面对中国外语教育政策进行反思与前瞻。同时，从应然角度思考中国对外汉语政策的制定，提出汉语面向世界推广的构建方略。

二、创新与不足

(一) 本研究创新之处

1. 研究选题具有新颖性

长期以来，国内外语言规划研究没有把亚洲作为一个整体区域来考察和分析语言的传播问题。以往研究主要关注的是欧美等西方语言的推广与国际化，宗主国的语言推广机构、实施成效等方面研究建树颇丰。相比较之下，我们对于周边地区的关注略显不足，这不能不说是以往语言规划研究的一种缺憾。因此，本研究选择亚洲作为一个整体区域作为研究对象，尝试从周边国家的发展经验和教训看中国的研究视角，力图从英语在亚洲传播发展的研究中，寻求到合适中国借鉴和参考的经验和教训。就目前的语言传播研究，将亚洲作为整个研究对象的尝试还不多见，对于中国语言政策与规划研究具有创新性。

2. 尝试构建三大维度、四种理论视角、一个分析框架的语言传播研究模式

本研究以经济学、语言学、社会学和哲学的相关理论为指导，并结合Cooper的语言政策和语言规划的分析框架，从纵向维度对英语在亚洲的传播途径、策略及转变动因进行梳理和归纳，以便对亚洲英语传播历史的发展轨迹进行准确把握；从横向维度，对同一时期不同亚洲国家英语传播的主体、深度广度和策略表征进行多因素、多角色的对比考察，从而深入解读英语在不同亚洲国家传播的复杂动因；从英语地位等级维度，将亚洲分为英语为官

方语言、第二语言和外语的国家，分别结合语言规划的文本，对英语传播的执行、评估和策略调整进行系统评价。

研究一个多世纪的英语传播发展变迁，难度很大，为了更好地展开研究，以便将厚重的语言政策规划历程呈现出来，必须借助分析框架将语言传播简化与抽象，才能更清晰地理解和阐述政策的变迁。因此，本研究借助多学科理论，从三个维度着手考察亚洲不同历史时期典型国家的英语传播的变迁。

3．提出构建英语在亚洲传播的动态模型的设想

本研究系统、深入地分析和研究了殖民时期和后殖民时期英语传播的历史进程与变迁，总结了各阶段取得的成就和存在的不足，探讨了问题背后的动因。鉴于英语传播是一个动态过程，通过比较和借鉴西方国家语言推广的特点和趋势，结合亚洲典型国家教育发展的基本国情，本研究力图尝试构建英语在亚洲传播的动态模型，提出重新规划中国外语教育体系的设想，以求为中国汉语对外推广的艰巨事业提供有价值的参考。

（二）研究中存在的不足

由于英语国际化的问题所涉及的历史和语言问题多，范围广，笔者在短时间内未能够更深入地挖掘与探索。另外，受自身学识有限和资源条件有限的限制，再加上研究方法不够全面，对英国和印度两国的历史缺乏更全面深入的解读，受运用语言文字的能力所限，本书的概括还不够精辟，文笔仍需润饰。

第二章　语言传播的共性研究

语言传播是人类语言发展史中的普遍现象，是语言经过长期扩散的结果。语言在一个地区产生以后，随着使用该语言人群的迁移而扩散，于是该语言分布区逐步扩大。语言传播所带来的后果，或是新来的语言代替旧的语言，或是旧的语言退到边远地区，或是产生语言的新分化，出现新的方言或新的语言等。因此，语言传播反映了语言的发展与变化，其现状分布体现了各种自然要素与社会要素之间的关系。本章在梳理西方主要语言的传播成败基础之上，主要探究各个历史时期和不同地区语言的传播通常具备哪些"理论"背景；语言传播的途径是否有什么规律；语言传播在本质上具有哪些特性。

第一节　西方主要语言的传播成效

理论上说，任何一种语言都是平等的，那么为何经历数千年的发展之后，某些语言的使用者数以亿计，而另一些却濒临消亡？正如当罗马帝国被袭时，拉丁语永远地存活下来，希腊语却在几代轮回后销声匿迹？为什么西班牙作为海外扩张的先锋，西班牙语的传播速度远不如英语传播的长久与广泛？荷兰殖民印尼长达 350 年，英国只是短暂的控制过印尼，但为什么唯独英语成为与印尼语接触最为密切的语言之一？法语曾经是欧盟最重要的跨国交际语言，为什么自从英国 1973 年加入欧共体以来，法国的霸主地位每况愈下，并且在东南亚前法国殖民地，法语地位也被英语取代？本节通过对具有代表性的西方语言传播状况的研究，重新审视一些发人深省的历史事实，进而对西方语言传播的成败进行探讨。

一、中世纪语言的陆地传播

（一）希腊语

在希腊语的发展过程中，人们通常把公元 300－1453 年称为古希腊语时期，1453 年至今是现代希腊语时期。而希腊语作为通用语主要是指 1453 年之前，它的传播方式虽然仅限于在陆地上，但与英语兴起的模式几乎完全相同。从希腊化时代的形成看，希腊语广泛传播的方式主要源于五种：一是海外移民，二是贸易通商，三是军事扩张，四是文化诱惑，五是宗教传播。

首先，海外移民和贸易通商两种语言传播模式与希腊的地理环境有直接的关系。希腊的地理特点是缺乏丰富的自然资源，主要依靠自给型农业、放牧和捕鱼为生，但到了公元前 8～6 世纪，这种自给自足的经济因人口压力遭到破坏(Stavrianos，1998) ，所以渴望土地的大批希腊人受贸易利益的驱动纷纷移民到海外，在黑海沿岸、欧洲南部(包括意大利) 、小亚、北非建立了独立的奴隶制城邦，他们或赶走或奴役当地的土著居民，致使希腊语也随着大批移民传到地中海沿岸和黑海沿岸, 成为局部世界的通用语。

其次，希腊语成为中世纪中东地区的通用语言主要依靠军事扩张模式。从公元前 334 年，马其顿国王亚历山大率希腊和马其顿军队东征，到公元前 330 年，希腊灭了庞大的波斯帝国，到亚历山大东侵，希腊人建立了人类历史上第一个跨欧亚非三大洲的庞大帝国(包括马其顿王国、埃及王国和塞琉西王国) ，希腊语在中东地区随着亚历山大帝国的军队不断扩张，并成为被征服地区的官方语言和主要学术语言，最后各民族上层和知识分子都开始学习使用希腊语。

第三，文化诱惑和宗教传播属于意识形态对希腊语传播的助推器。一方面，希腊文明是在中东等文明基础上烙上希腊独有的智慧而形成的混合体，它立足理性和现实相结合，向往自由、富有想象力的思考人类和社会的各种问题，致使希腊人民一直被它多种形式的文学、哲学和艺术创作所吸引，对希腊语的传播有重大意义；另一方面，希腊语是当时希腊宗教活动的主要语言，所以宗教的传播也活动大大促进了希腊殖民地、移民城邦发挥语言文化据点的辐射作用。因此，希腊语作为希腊文化的载体和传播媒介，一举成为东地中海希腊化地区统一的通用语言。

然而 1453 年，土耳其人占领了拜占庭后，希腊文明的最后堡垒倒塌了，希腊语的地位从此被削弱(施杜里希，2009) 。这主要归结于军事扩张和海外移民两大趋势，从而导致希腊语传播主体力量的薄弱和客体语言态度的转变。具体表现为两方面：一方面，希腊战争上的连连失利导致希腊的军事实力削弱，致使希腊语传播缺少了硬实力的军事保障。希腊先被马其顿统治，后又被罗马征服，沦为罗马东部的一个省份，于是希腊语由希腊化时代通用语的强势地位也随之降格为省份语言。虽然罗马帝国分裂，由于东罗马帝国(拜占庭帝国) 对希腊文化无比崇尚，为希腊语赢得了相对稳定的语言环境，在很长一段时间里成为罗马有教养阶层使用的语言，并不断向外扩张，以至于取代了南海岸以及内部地区的一些方言。然而 1453－1821 年奥斯曼帝国的征服，还是彻底终结了希腊化时代。再加上 20 世纪发生在希腊和土耳其之间的战争，更是将希腊语从小亚细亚地区排挤出去，禁锢在一个相对较小的区域里，致使那种使语言保持统一性的传统范式随之减弱，最后走向衰落。另一方面，国外的征服者要想改变当地语言，关键是在军事扩张后有大量的移民队伍，而这只队伍的语言必须也是征服者的语言。对于希腊语，在亚历山大征服波斯帝国后，虽然政治上的控制是安全的，但并没有后续的大批移民进驻，所以在波斯，虽然希腊语存在了五六代人的时间，却仅仅停留在表明上，波斯人重掌握政权后就被取代了(Ostler，2006) 。

因此，当希腊语传播的主体失去了话语权，客体对所传播的语言忠诚度也随之减弱。对于希腊文明，起先是埃及人和马其顿人以征服者和统治者的身份征战东方，强制推行希腊模式，所以后来当奥斯曼帝国的多元文化入驻，导致文化的焦点发生了变化(Ostler，2006) ，再加上土耳其语、波斯语及阿拉伯语等当地有影响语言的冲击，使当地人逐渐接受了异族的语言和信仰，在希腊出现了语言分裂的状态(施杜里希，2009) ，大众在口头交际中使用的希腊语已经与古希腊语相去甚远，最终希腊语的教育也不再是西欧教育的一部分。虽然，希腊语从未在其传播地区深深扎根(Ostler，2006) ，但值得肯定的是，希腊语在传播的顶峰时期打破了历史上东、西方各自独立发展的模式，将它们合二为一，还是具有相当大的历史意义。

(二) 拉丁语

继希腊语后成为中世纪通用语的是拉丁语。首先，它从最初拉丁姆地区小范围的使用，到后来发展为一个世界帝国的官方语言和行政语言，并成为这个帝国大多数居民所使用的口语，语言传播的首推模式与希腊语一样，都是通过帝国军队的顺利扩张实现的。公元前 509 年至前 3 世纪初，罗马军队进行了一系列大规模的军事扩张，拉丁语逐渐成为帝国境内的行政、司法和军队的唯一用语，以及各地上层人士的共同语。到公元 2 世纪初，罗马的扩张达到了顶点，拉丁语的传播更是到达了鼎盛时期，充当欧洲不同国家交流的媒介语，也是研究科学、哲学和神学所必须的语言。所以，是罗马帝国的强势造就了中世纪拉丁语的通用语地位。

第二，拉丁语的传播关键还在于源源不断的民族迁移。通过探讨希腊语传播的成败，可以看出是移民而非军事扩张带来了语言的根本性变化，因为与之同时发生的军事征服只是将其语言扩散到了新的领地，但并没有使其扎根。所以拉丁语成功传播的一个必要条件是罗马军队在成功征服西欧大陆以后，仍然为整个帝国提供了源源不断的定居者(Ostler，2006)，使它们在语言上对这片大陆的影响是经久不衰的。

第三，当罗马帝国军事力量式微，基督教教会成为拉丁语传播的另一股力量。为了谋求稳定和统一，罗马帝国选择与基督教合作，并将拉丁语作为其教会用语。教会对拉丁语的维护使它保持了长久的生命力，一方面由于中世纪并不存在世俗的中学乃至大学，整个教育事业都被交付于教会人员，所以每一个想要从事宗教工作或上大学的学生都必须学习拉丁语，这是能为他们打开继续深造大门的唯一钥匙(施杜里希，2009)；另一方面，随着越来越多人转向求助宗教寻求安慰，基督教成为能为弱者和地位卑贱的人提供顺应潮流的东西和希望的场所，带动了拉丁语的传播。

第四，拉丁语广泛传播的原因还在于罗马帝国政治上行之有效的拉拢政策。与亚历山大帝国相比，罗马帝国的成功之处在于，当局对非罗马血统的各民族中上层也予以拉拢，对政治上臣服者普遍授予罗马公民权，让他们与罗马人平等；在被征服地区普遍建立行省，让它们与意大利本土平等。此外，罗马也相对尊重被征服地区、民族的语言文字、文化和宗教，例如让东地中海流行的希腊语文成为与拉丁语文并列的官方行政语文。这些政策促成了各民族部分中上层人士自觉学习使用拉丁语，逐渐罗马化(Stavrianos，1998)。所以，与强制的希腊化模式相比，人们很容易理解，西罗马灭亡后，为什么拉丁语能继续在东罗马—拜占庭帝国盛行，希腊语在帝国被袭后却由于文化中心转移日渐衰落。可见，强制的或显性的语言政策有时未必会带来卓见成效的语言传播。

第五，文化诱惑也是拉丁语传播的有力武器。罗马文化继承了希腊文化的精华和优良传统，尤其在文学、艺术和哲学等领域。罗马人特有的智慧还体现在工程、建筑和法律等领域。与希腊人相比，罗马人更喜爱实践，在建筑领域，如圆形剧场和凯旋门等，法律领域如代表农业民族的《十二铜表法》的制定(Stavrianos，1998)，均为罗马文化的传播做出了巨大的贡献，为各民族上层和知识分子所推崇，所以作为罗马人民族共同语的拉丁语，更是具有强烈的向心力，集中地将各地区的民族文化紧紧地凝聚在一起。

不过，尤其是当日耳曼部族跨过罗马帝国的边界时，拉丁语作为一种

“活”语言的时代还是结束了(施杜里希，2009)。导致罗马帝国瓦解的器质性病因是经济(Lopez，1967)：一方面对金钱的贪婪与挥霍使罗马军团变为职业军队，军事力量式微(Stavrianos，1998)；另一方面经济上的分散导致政治上的分权，所以帝国大厦根本无法保障拉丁语的传播，传播模式呈现军事实力、政治实力、经济实力三者结合的趋势，因此拉丁语先后经历了二次“衰亡”。

拉丁语的第一次“衰亡”主要来自两个争夺。国际上，西欧某些国家趁着罗马中央集权衰落之际，对地中海世界进行霸权争夺，致使帝国各个语言集团彼此分离，加大了拉丁语方言差异(施杜里希，2009)，所以拉丁语及其语法不再是各国语言的书面语形式，不足以维持口语的规范，拼写也越来越不规则，只有律师、神职人员等少数精英才能掌握读写技能，使用范围缩小。在国内，东、西部教会借帝国混乱之际，对基督教世界的领导权进行争夺，也导致拉丁语作为东罗马的官方、行政、司法、学术语言之一的地位也逐渐动摇。

拉丁语的第二次“衰亡”主要来自两个变革。罗马帝国的经济一直受生产率低下的折磨，所以引发了印刷革命和欧洲宗教改革运动。出于经济学原则，印刷革命爆发后，大量用民族语言写成的价格廉价的书，迫使大量拉丁语著作下架，从语言传播的媒介直接阻碍了拉丁语的发展。再加上欧洲宗教改革运动的兴起，更是一下子打破了人们对于思想传播渠道的严格禁锢，把矛头对准以罗马教皇为首的、掌握话语权的基督教世界，拉丁语的垄断地位逐渐被打破，而各民族语言(即后来拉丁语的子语言)的优势日益凸显(施杜里希，2009)，所以在语音和语法结构上逐渐脱离了拉丁语而各自发展。

现如今，虽然拉丁语本身已通常被认为是一种“死”语言，但实际上它仍然存活。从语言使用上看，现今仍有少数基督宗教神职人员及学者可以流利地使用拉丁语。从语言形式上看，拉丁语已逐渐分裂成为现代罗曼语诸语言，如意大利语，法语，西班牙语，葡萄牙语和罗马尼亚语，所以从某种程度上讲，西班牙语、法语、荷兰语、英语、德语等语言，都是借着拉丁语的躯壳走上历史的舞台，属于拉丁语的子语言。

二、近代语言的海洋传播

近代语言的传播是以西方人的海上侵略拉开序幕的，西方人以同样的灵活机动性在世界各大洋上进行侵略活动。相比较中世纪语言的陆地传播，近代语言可以自由地在全球范围内进行大规模的扩张。本小节主要选取了西班牙、荷兰、法国和英国四个海上强国对其语言传播进行介绍，从而探究英语之所以成为现代商务和全球流行文化的语言是如何占尽天时地利的优越条件，以及具备哪些特有的语言传播方式。

（一）西班牙语

西班牙语是当今重要的国际语言，全世界有近 4 亿人讲西班牙语，人数仅次于汉语、印地语和英语，居第四位(吴应辉，2013）。从西班牙语的分布看，并不仅仅局限于西班牙和加纳利群岛，而且还扩展到了拉丁美洲(除了巴西）。

西班牙语的传播之所以如此成功，首先依靠海上强大的军事扩张。15～16 世纪，西班牙是当时的海洋帝国，作为欧洲环球探险和殖民扩张的先驱，在欧洲、美洲、非洲和亚洲以十分残酷的手段建立了许多殖民地。以美洲为例，西班牙扩张到美洲后，带来一次次灾难性的疾病使当地印第安人人口锐减(Ostler，2006），大大缩小本地语言社团的规模，打破了原先人口数量上的平衡，帮助殖民语言的传播。

第二，人口迁移是西班牙语传播的决定性因素。西班牙语之所以在墨西哥、中美洲、古巴以及波多黎各排挤掉英语得到了发展，还包括美国的许多大城市和西南很大一部分地区，主要依靠 18 世纪晚期西班牙的海外精英阶层不断壮大(Ostler，2006），使这些地区的西班牙语言社团不断聚集，西班牙语扎下深根。

第三，天主教也充当了西班牙语殖民的开路先锋。随着西班牙殖民势力的扩张，天主教传教士狂热地渗透到征服地区，用西班牙语向当地居民宣扬天主教的教义，以此推行宗主国的语言文化、宗教信仰和价值观。以菲律宾为例，西班牙语的传播就是通过传教士们无私的奔走才得以展开的(Ostler，2006）。因为菲律宾缺乏西班牙需要的贵金属资源，并且与西班牙的交通往来也极其不便，所以在贸易通商和军事扩张的情况下，宗教传播对于英语在菲律宾的传播起到了极大的推动作用。

第四，贸易通商也极大促进了西班牙语的传播。西班牙在军事扩张的同时，还在各大海洋开拓贸易路线，使得贸易繁荣，而西班牙语也正是按照此路线从西班牙横跨大西洋到美洲，从墨西哥横跨太平洋，经菲律宾到东亚，成为国际商贸用语，得以广泛的传播。

第五，西班牙政府本土语言的重视与规划也是重要的驱动因素。主要表现在对西班牙语的地位规划和本体规划两方面。从地位规划看，1770 年，教皇针对西班牙帝国的每一寸版图签署了一项法令，其中决定性的一句是要使西班牙语成为唯一使用的语言(Ostler，2006)；1978 年西班牙宪法第三条明确规定了西班牙语的官方语言地位，并且在拥有民族语言的地区，中小学教育中也必须使用西班牙语。从本体规划看，1492 年，西班牙在新大陆殖民伊始，就出版了第一部西班牙语语法；19 世纪下半叶(1871 年)，西班牙在拉丁美洲纷纷成立皇家语言学院，致力于西班牙语的普及，保证语言使用上的规范化；20 世纪 90 年代初，西班牙政府先后在外交部设置西班牙国际合作署和塞万提斯学院，一方面向拉丁美洲的学者或学生提供奖学金，资助他们赴西班牙大学从事包括语言研究在内的各项研究工作，另一方面将机构遍布 5 大洲，负责向全球宣传西班牙的语言文化(张西平，2008)。所以，以上这一切举措都极大推动了西班牙语的规范化，也推动了西班牙语在新大陆的传播。

然而，西班牙这个老牌殖民国家的语言并没有成为全球通用语，而是被新兴的殖民国家英国赶超，致使西班牙语海外扩张的优势被英国取代，仅保留了拉丁美洲的殖民地。笔者认为，这主要因为没有一股强大的力量作为基础一如既往地推动西班牙语。对于西班牙语，主要是军事和经济上的战略失利，形成军事实力和经济实力结合的趋势，减缓了西班牙语的传播。一方面，西班牙卷入了 16～17 世纪欧洲的宗教战争和王朝战争(Stavrianos，1998)，海陆两地的过分扩张使西班牙的军事力量耗尽，与英国置身于大陆事务外围，只有在势力均衡受到严重威胁时才干涉的战略形成鲜明的对比，所以从军事战略上看，英国人能建立起一个世界范围的英语庞大帝国，而西班牙却由于军事失利失去了对自己语言帝国的控制。另一方面，西班牙对外的经济上过于依赖西北欧，他们在海外扩张以前是这样，在那以后依然如此，结果导致殖民地一样受到西北欧国家的控制；同时国内大批金银源源不断流入，也引起急速的通货膨胀(同上)，无法形成新产业——工业和科技创新的制度保障，所以巨额财富只是变成了封建特权阶层的奢侈性消费，并没有变成工业革命的资本，严重制约了西班牙语的传播渠道。所以，从西班牙语的传播历程看，任何一种语言要想成为国际通用语言，都必须依靠强大的军事和经济实力作后盾来维持并扩展。

(二) 荷兰语

荷兰语是荷兰和比利时的官方语言，主要分布于荷兰、比利时、南非、苏里南、加勒比海荷属安的列斯群岛等地。在世界殖民史上，17 世纪是荷兰的黄金世纪，它是继西班牙之后，通过荷兰西印度公司和荷兰东印度公司建立其庞大的殖民帝国的，它完全可以凭借军事扩张、贸易抢占等优势，像西班牙一样将本国的语言和文化大量输出，但荷兰殖民者却并没有选择这样做。当荷兰人改变主意，意图在印尼推广荷兰语时，却因对英战争和对法战争失败，荷兰帝国势力有所式微导致荷兰语传播无力回天。所以，在世界的语言史上，荷兰语并没有什么显赫的地位。那么为什么一个成功的欧洲帝国主义国家曾建立起一个辽阔的海上帝国，在很长一段时间内，荷兰语在东印度群岛先是输给马来语，最后被新兴的殖民国家语言英语赶超呢？本小结选择研究荷兰语的传播，主要证明一个成功的帝国主义国家，如果政治上对殖民地的语言缺乏规划，那么它的语言影响也可能近乎为零。

荷兰语的初期传播输给马来语，是荷兰殖民者的语言传播主体缺失造成了荷兰语错失了在帝国强盛时期的推广契机。简单来说，荷兰人出于实用主义(Ostler，2006) 主动放弃了令殖民地人民学习其语言这个机会。一方面，他们直接选取在贸易和交通运输领域已通用两个世纪的语言—马来语开展贸易通商，从而促成了荷兰殖民统治的地区外来语的顺利崛起。另一方面，荷兰人为了更快更容易地传播新教教义，直接选用当地的语言传播教义，为此荷兰人于 17 世纪还兴办了一些语言学校学习马来语，并将马来语与新教联系在一起，被定为教会语言，一再提升马来语在印尼当地人心中的地位(同上) 。而对于当地人，由于马来语没有被贴上霸权标签，不属于哪个区或哪个种族所有，所以语言选择上没有任何抵触，反而使得马来语的传播越发深入和广泛。所以，是荷兰统治者缺乏主动去传播荷兰语的全局观，扼杀了荷兰语在印尼传播的大好机会。

荷兰语的后期传播输给英语，主要是因为 20 世纪荷兰语背后没有一股强大的军事和经济实力作为后盾。20 世纪 30 年代末，荷兰人改变主意，主动在印尼施行以兴办教育和兴建基础设施为主要内容的“道义政策”，一批印尼原住民得以接受西式教育，荷兰语一度成为当地的顶层语言。但 1942 年日本强势占领印尼后，荷兰语被明令禁止使用，出现荷兰语传播的空窗期。1945 年，英国军队又接管了荷兰殖民地，将印尼语规定为印尼的国语，并大力宣扬印尼语的纯洁性，有意识地抛弃前殖民者语言的成分(杨晓强，2011) 。显然，这种语言政策在本质上既收买了印尼对英国的信任，又消除了英语以外殖民语言的影响，为英语的传播创造了介入空间。所以，这一次是因为荷兰丢掉了殖民强国的光环，导致荷兰语再次失去殖民语言传播的契机。

（三）法语

法语是目前具有世界影响力的通用语之一，当今世界以法语作为母语的人口总计8700万，作为第二语言和外语进行学习的人口达到2.85亿人(张西平，2008) 。法语是除了英语之外，唯一在五大洲都有国家和地区使用的语言，还是联合国、欧盟、非洲统一组织等机构的工作语言。法语被公认为“文化语言”，承载着一千多年的历史，它的传播有过荣耀，也有过曲折，法语地位的变迁与整个法兰西民族的发展史休戚相关。以下主要探讨法语辉煌时期的传播模式，以及后期国际地位下滑的几点原因。

首先，军事模式是法国一路扩张成功地取得军事大国地位的直接保证。从 17 世纪太阳王路易十四在欧洲强盛的君主政权，到 19 世纪初拿破仑帝国在欧洲大地军事征服的荣耀，再到 19 世纪末法国对海外发起的一系列殖民扩张，占有了大量的殖民地，而法语的传播和应用也一路扩展到了东南亚和非洲甚至美洲的许多国家，从而在政治与军事上确立了法语的国际地位，一直持续到第一次世界大战以前。

第二，经济模式使法国作为贸易强国和最大的旅游目的国，成为当时西欧领土最大、人口最多的经济实体，牢牢把控法语在国际上举足轻重的地位。一方面，法国作为经济强国和贸易大国，国内生产总值一直居世界前列，这无形中带动了高科技等前沿领域的发展，为法语的国际化提供了广阔的平台。另一方面，法国是世界上最大旅游国之一，它特有的历史文化、闲适的生活情调，还有普罗旺斯的薰衣草、卢瓦尔河畔的古堡等闻名世界的风景名胜，无不吸引着众多人喜欢并学习和使用法语的人。

第三，法国一直实施严苛的单一法语语言政策。英法百年战争以后，司法领域、学术领域和政治领域中的三大事件就奠定了法语的地位。在司法领域，1537 年，法王弗朗索瓦一世(1494－1547) 所公布的《维勒耶－戈特莱敕令》，规定法院命令及判决须采用法语，而非拉丁文，一举确定了法语的优先地位。学术领域上，在路易十三朝廷重臣理查里尔(Richelieu，1585－1642) 的主导下，于 1635 年将民间沙龙式文人的定期聚会转变成具公认权威，并负有规范及指导语言使命的“法兰西学院”。由全国最高学术研究院主持一国语言的规范与纯粹、可谓举世无双之特色。这个组织一直被视为法语取得最高合法性的护身符，几百年来它在捍卫法语的正确使用。在政治领域，1794 年大革命期间通过的《共和国二年热月 9 日法案》，规定所有公文必须采用法语。此项被视为是彻底执行“单一语言”的政治宣言。该法案还明文规定违规刑责。法国政府往后所增修的相关条文，也都相继援引这项内容(樊荣，2012)。

第四，文化模式使法国巴黎一直是欧洲的灿烂文明和时尚文化的中心。一方面，在 17 世纪的古典时期和 18 世纪的启蒙时期，法语起着积极的作用。很多思想家和哲学家用法语发表文章，而且用法语在欧洲各国四处游说，传播启蒙思想，这些无疑也对法语在海外的推广产生了重要的影响。另一方面，享誉全球的法国时装、香水，以及首都巴黎“世界艺术之都”的美誉，使得法国自然而然地成为时尚、美食、艺术、浪漫的代名词。这些形象潜移默化地赋予了法语独特的魅力和吸引力。因此，文化的传播直接拉动语言的传播，使得法语文化更迅速和广泛地在世界上流传。这也是如今法语得以广泛使用的另一个历史文化因素。

可见，这一时期法国极力奉行传播模式的多样性，大力的推广法语，使法语排挤了欧洲书面语拉丁语, 而且在与西班牙语和英语的竞争中获胜, 在很长一段时期内成为一门久负盛名的国际性语言。然而随着英、法两大帝国在 17～18 世纪的争斗，最终以英国压倒性的胜利而告终，法语的国际地位出现了下滑的迹象，其根本原因有三方面：一是法国更感兴趣的不是海外殖民地，而是欧洲霸权(Stavrianos，1999) ，致使法国丢失了北美洲和印度的殖民地，这一方面意味着格兰德河以北的美洲以后将发展成为英语世界的一部分，另一方面英国占领印度这个战略制高点，相当于完全走上通往英语帝国的道路；二是移居殖民地的法国人比英国人少很多，到 1688 年集中在大西洋沿海的山麓地区的英国移民有 30 万人，而散居在加拿大和密西西比河流域广大地区的法国人仅 2 万人(Stavrianos，1999) ，可见法语在传播过程中呈海外移民的趋势，这很好地解释了为什么 1763 年英国对法国取得压倒性胜利；三是 20 世纪英国和美国两个强国联手推广英语，法语的国际地位受到前所未有的威胁，而《凡尔赛和约》的签订则直接终结了法语作为唯一的国际性官方语言的地位。

鉴于此，20 世纪以后，法国进行了一系列的语言管理。在国内，继续奉行单一的语言政策，1958 年制订的第五共和国宪法增补了“法语是法兰西共和国的语言”等文字，对其官方语言法语进行了地位规划(戴曼纯和贺战茹，2010) ；1994 年法国议会还通过著名的《法语使用法》，进一步扩大了法语的使用范围。在国际，为了抢占法语国际传播的空间，法国将法语的对外推广纳入到“文化多样性”的大主题下进行，对英语单极化发展持明显的批评态度；同时大力宣传法语的实用性，提高法语吸引力，提高法语在国际组织和地区性组织的工作语言或正式语言中的地位；并且成立“法语联盟”，采取联合办学的模式，使法语联盟具有强大的生命力(张西平，2008)。然而，这种国内“单一法语”和国际“语言多样性”的自相矛盾的语言政策效果并不理想，只会让更多的人认清这样一个事实：即法国是通过强调法语这项人类文化资产的不可替代性，并以多元化、多样化、多语化的捍卫者自居，在国际上更加努力的推广法语，借以保留法语的国际地位。所以，在可预见的未来，法国的语言推广政策必将面临调整的局面。法语在国际化发展的道路上，充分强调语言自身价值的重要性仅仅是一方面，还要对语言自身所附加的价值进行规划，这是一个举步维艰的课题。

综上所述，对历史上不同时期，帝国语言的传播做了简要的剖析，尤其探讨了典型通用语的推广成功与失败。客观上讲，这些语言除了荷兰语(荷兰殖民者自大的“实用主义”导致荷兰丢掉了殖民强国的光环，荷兰语也失去了殖民语言的声望) 都有四个共同特点：首先，他们都是通过军事征服、贸易强占、宗教传播和文化诱惑等手段被推广开来的，随后通过语言规划成为当地的行政工作语言，例如拉丁语在罗马帝国的传播，西班牙语在新大陆的扩张，法语在非洲、亚洲和太平洋岛国的推广；第二，这些语言所属的帝国在当地的统治都长达几个世纪；第三，这些语言都担当国多语地区的通用语的角色；第四，这些语言都给它们的使用者带来了更多的物质利益。

第二节　语言传播的理论背景

语言传播是长期的，可能要通过好几代人的传播，甚至可能是上百年、上千年。但语言的传播、维持和衰落并不是一个单纯的语言过程，而是复杂的社会、政治和经济力量共同作用的结果(Grin,1999)。

究竟如何使一种语言不断繁衍与传播，这很难让人回答。但我们可以将世界历史分为两大时期，审视与语言传播相关的历史事件。1492 年是欧洲以及一些欧洲语言全球语言推广的开始。在此之前，语言的传播基本上都是陆地上进行的，其产生的结果也是区域性的：中心地区一带使用一些主要语言，语言传播的主要动力首先是读写能力与城市文化，然后是宗教。

当一个群体有了以上这些优势时，他的语言通常通过武力传播，以及通过小的群体和分散的殖民地来传播。1492 年之后，海洋成为语言传播的主要通道，并且这种海上传播是全球性的，一种语言可能在许多不同的大陆内的独立区域为人民所使用，唯一能够连通这些语言使用地的线索，就是洲际贸易以及军事支配。这一时期，语言传播的动力一开始是自然因素：因为疾病，美洲以及其他地方的人口急剧减少，征服者与被征服者之间技术力量差距到处都是，比起在区域传播时期更为明显。随着势力平衡，欧洲全球性的军事帝国迈向稳定，开始了军事、商业以及语言上的统治。

以下主要借助语言这个窗口，窥见历史演进的一般规律，从而解答究竟在什么理论背景下，因为怎样的动力，语言在历史长河中能够兴旺繁荣，繁衍发展。

一、帝国殖民的海外扩张

首先帝国殖民的海外扩张是西方国家语言推广很重要的理论背景。殖民扩张的直接带动了这些殖民国家的语言的扩张。殖民统治扩张到哪里，殖民国家的语言也就扩张到哪里，语言从来都是强国施行其政治、经济、宗教影响的主要工具。因为只要殖民国家占领一个地区后，该国语言会迅速成为政府用语，而掌握该语言的人会在成为政府雇员、公司雇员以及在经商等方面享有优先权，会支配更多的资源，拥有更高的社会地位，获得更多的实际利益。此外，殖民国家对一个地区的殖民占领还会引发示范和扩散效应，不仅会促使殖民地更多的人学习掌握殖民国语言，也会使更多殖民地的人进入该殖民国家接受教育、经商，这种人员的往来进一步扩大了殖民语言的作用。因此，语言传播首先与帝国主义统治、殖民扩张有密切的联系。从历史角度看，中世纪希腊语之所以能够风行地中海靠的是古希腊军队的剑与矛，拉丁语称雄欧洲一千年主要取决于罗马军团的威力，阿拉伯语在中东和北非的广泛使用就是凭借 8 世纪以来摩尔人的征伐。近代西班牙语、葡萄牙语和法语盛行于南美、非洲或远东，也是由于文艺复兴时期西班牙、葡萄牙和法国通过其陆军和海军强力推行海外扩张的结果。这些通用语言的发展和衰落充分显示了通用语和帝国扩张之间错综复杂的关系。

二、人口迁移的直接扩散

人是语言传播的直接载体，语言的传播扩散是通过人的交谈移动直接完成的，没有人口移动，在通讯条件比较落后的时代，语言的传播扩散几乎无法实现。移民作为人口迁移的一种方式，促进了语言的传播发展。如果外地的移民较当地的土著居民有较优越的政治、经济、文化地位，同时迁移时间又较集中，那么移民所带来的语言就有可能取代当地的土著居民的语言。例如，北美洲原是印第安人的故乡，印第安人在北美占绝对优势，因此印第安语是北美的主要语言，但自从15世纪哥伦布发现新大陆后，大批欧洲移民移居北美，在外来移民中，以英国人的人数最多，经济和军事力量最强大，占据了北美大部分地区，使英语很快成为北美最为通用的语言，并且很多印第安人也会讲英语，印第安语只在人数不多的印第安人之间使用。移民所带来的语言有时虽不能取代当地的语言，但其语言成分往往能渗透到当地语言中，对当地语言产生影响。如辽宁西部的语言中带有河北味，就是因为河北人曾大批移居辽西地区所造成的。

三、贸易通商的利益驱动

贸易历来是语言交流的重要途径之一。如果人们意识到使用某种语言会与物质利益挂钩，该语言就会得到广泛传播。一些世界通用语言之所以位于全球语言系统的中心语群，充分说明了这一点。一战前，虽然海外殖民扩张是语言海外扩张的主要途径，但贸易通商的利益驱动也是语言在海外推广不可或缺的重要手段。英国就是依托着殖民地之间的商业活动与遍布世界各大洲的殖民地进行着频繁而大规模的贸易，使其在欧洲的争霸和混战中能长期独善其身，立于不败的地位，这对英语的传播起到了强劲的推动作用。但二战及战后民族解放运动的兴起，却使语言扩张的手段由殖民扩张迅速转变为经济贸易。二战后美国取代了英国，凭借其强大的经济实力加大英语的扩张力度。对于世界上的许多国家来说，美国都是其主要而且重要的贸易伙伴，华尔街是世界的金融中心，在世界500强的榜单上美国公司也占据了非常大的份额。因此，目前虽然只有3亿多人以英语为母语，却有近15亿人在学习和使用英语。全球3/4的信件和80%以上的电子信件是用英语写成的。可见，强大的经济后盾是英语后期如此迅速和广泛地传播的最根本原因。

四、科技革命的核心助推

一旦一门语言充当接触高新技术的先决条件，也会得到传播。语言传播与人类历史的科技革命是息息相关的。人类最初的时候语言没有被赋予优劣的含义，语言传播是通过是人与人之间的口耳相传、心记脑存，所以传递的信息容易在传播中被扭曲、变形、重组和丢失。

(1) 语言传播的第一革命是从语言变成符号(公元前 3500 年) 开始的。随着符号的产生，语言第一次与科技联系起来，人类通过语言描述的社会经验，被符号记录下来，成为科技符号。这代表着人类语言的真正产生，并且从时间的久远和空间的广阔上实现了对语言传播的真正超越。

(2) 随着中国隋末唐初雕板印刷术(公元 620 年) 的发明，语言传播又解决了竹简、帛书等媒介笨重、符号复杂、复制困难等问题，并且打破了上流社会对知识的垄断和在传播上的特权，出现以印刷为媒介传播语言的革命。

(3) 电报的发明(1844 年) 标志语言传播进入以广播和电视为主体的电讯传播时代。这不仅彻底突破了时间和空间的限制，使语言传播瞬息万里，而且挣脱了印刷传播中必不可少的物质(书、报、刊) 运输(通过人及交通工具将印刷品送到读者手中) 的束缚，为语言传播开辟了一条便捷、高效、省钱、省力的空中通道。同时，以电讯为媒介的语言传播也不像印刷传播那样是将人推向语言传播，而是将语言传播推向人，它是在没有识字需要的情况下，为人类提供了超越识字障碍、跳入大众语言传播的一个方法。

(4) 1946 年，人类研究成功世界上第一台计算机，语言在网络的传播从此拉开序幕。网络传播与传统的印刷传播、电讯传播的最大不同之处在于：它是在电话高度网络化的基础上形成的，因此它除了具有其他传播的特点之外，还具有自己的主动性、参与性、交谈性和操作性的特点。目前网络传播和信息革命正在进入一种“临界状态”，一个崭新的社会即将到来，每一种传播科技的出现与发展都在缩短着时间和空间，消除着文化差异，扩展着思想观念。

综上所述，科技革命和语言传播始终呈叠加性状态发展。即新的传播革命爆发后，人类在旧的传播革命中所使用的语言传播手段不会被随之抛弃，而总是以一种新的面貌又出现在新的语言传播活动之中，更符合互动互助、共进共演的原理。此外，叠加性状态又导致了整合性状态，如电话是对语言传播和电报传播功能的整合，广播是对电话和唱机功能的整合，电视是对广播与电影功能的整合，而电脑的发展也许要整合一切功能和媒介，将以往各自独立的单一传播转变为综合传播，将单功能的媒体转变为多功能的媒体进行语言传播。

五、宗教思想的强大支撑

虽然宗教与语言看似属于两个不同领域，但天然不可分割。宗教不仅通过语言传达教义、学说和理论，宗教也对语言及其发展有着特殊的贡献，对语言的传播和发展以及规范等方面都起到了一定的作用。宗教在不同的历史时期，通过不同的表现形式对语言产生着影响。

中古时期，宗教是语言传播主要依赖的手段，很多语言如希腊语、拉丁语、阿拉伯语、英语、汉语等传播均发端于宗教，这些语言古时候都有经文或经书，而且都出现在最早的经文记载中，因为当时的语言研究是传教士们为了传播宗教而设立的一门实用学科，可以说语言传播和演变所带来的影响，几乎不在传教者的关心范围内，然而宗教的发展却成了语言文化要素的传播媒介，奠定了语言传播的坚实基础。

早期的殖民时期，宗教是为国家的殖民扩张服务的，它对于语言传播表现出明显的攻击性、强制性和国家目的性。比如罗马帝国的拉丁语及西班牙语和法语在非洲的传播、阿拉伯语通过伊斯兰教扩大影响力等等。每当殖民者通过军事扩张占领殖民地之后，宗主国便以当地人思想不开化为由，强制对当地人进行教化，教化的途径就是传播基督福音，使之成为和欧洲人一样的文明人。但实质上是打着宗教的旗帜，从思想上对当地人进行洗脑，稳固他们的殖民统治。因此，殖民者把语言和宗教同时移植到新领地，强加给所谓的欠发达的民族，其基本动机是从政治扩张的角度出发，是殖民主义软实力侵略的重要体现。

二战以后，旧的殖民体系被打破，发达国家的宗教传播多以“文化交流”“资助”等间接和隐蔽的方式推广自己的语言。很多神职人员具有神学和英语作为第二语言教学的双学位，同时也就拥有了传教士和教师的双重身份。他们通过教会组织深入发展中国家传播福音，想方设法吸引更多的人走进英语课堂，这种方式是一种非常有效的推广英语的途径；此外，他们通过传教活动，也吸引和发展了大批基督教信徒，既扩大了教会的影响，对语言传播的作用也不可小觑。因此，无论是直接的还是间接的语言推广，形式和内容更加隐蔽，宗教在实现同化的过程中都在其中发挥巨大的作用。

鉴于以上对语言传播理论背景的探讨，语言的全球传播和人类历史密切相关。在漫漫历史长河中，语言最初随人类的扩张和迁徙而传播，接下来语言系统的整合则与帝国的形成相伴而生，因为既无深厚的历史、文化、科学技术等底蕴，又无强大的政治实力和军事威慑力为后盾的语言无法得以传播，再后来正式教育成为语言最常用的传播渠道，当然语言传播和影响仍然有赖于该语言民族政治、宗教、经济、文化、军事等领域的地位，后者的此消彼涨是前者兴衰更迭的晴雨表。因此，一种语言从一般语言上升至国际通用语，既是一个漫长渐进的过程，又是一个多种复杂因素交叉互动的过程。

第三节 语言传播的途径

语言传播与文化传播相似，它的途径大体上分为横向传播和纵向传播两类。所谓横向传播，主要指语言的空间传播，即不同语言间的传播。纵向传播主要是指语言的代际传播。

一、语言的空间传播

语言是一个开放的系统，人们总是寻求各种机会输出自己的语言，又有选择地接受其他的语言。语言的空间传播主要通过操某种语言的人或集团从一地迁移到另一地，从而把这种语言带到迁居地。

（一）语言空间传播的类型

语言的空间传播可分为占据式传播、蔓延式传播和变异式传播。

语言的占据式传播是指被移民从原居地带到新居地的语言至今仍与原居地语言基本相似，仍属于同一语言系统。例如 17 世纪初，英国人向北美大规模的迁移就属于语言的占据式传播，它使得英语在历史上第一次远离欧洲本土，从英格兰岛到达新大陆并且在后来永久性地居住。虽然欧洲各国移民也都纷纷涌入北美洲，但由于最早以英国人为最多，他们的语言文化、生活方式和法律制度等构筑了后来美国社会的基础，即使在殖民地时期，美国的语言就表现出惊人的一致性，人们通用的语言是英语。美国独立建国至今，英吉利民族语言文化为基础的美利坚民族的一体意识已变得十分强大，它不仅表现在政治经济的独立上，也表现在语言文化上。可见，英语这种原居住地语言的地位已经在新居住地成为一种不可剥夺的主导意识，是典型的语言占据式传播的结果。

语言的蔓延式传播即移民并不以扩张为目的，占领成片的广大地区，而只是有选择地在某地定居下来，处于当地语言的包围之中。一般说来，如果两种语言互不相通，在经常相遇的情况下，说这两种话的人就必须设法建立用来交际的共同语言。因此，语言的蔓延式传播中形成的语言往往属于混合型语言，新居地的语言并不完全同于原居地的语言。例如英国商人在西非奴隶贩卖使用的洋泾浜英语和克里奥尔英语就是这种语言传播的结果。由于英国商人与奴隶不定期地来往,与当地说着各种土著方言的居民做生意,他们之间就用混合英语进行交流，混合英语就是在语言的蔓延式传播中逐渐形成的。直到今天虽然英语在西非已建立一定的官方地位,但当地居民仍然用克里奥尔英语作为他们的第二语言。

语言的变异式传播指移民迁移到新居地之后与土著杂居，移民语言中往往会掺杂进土著语言，加之土著语言地位较高，移民又处于土著的包围之中，移民语言不可能长期保留原有的面貌或特征，随着时间的推移，移民语言被土著语言所同化，从而导致移民所具有的语言与原居地语言完全不同。例如从1770－1852年，一批在英国和爱尔兰宣判有罪的人被转移到澳大利亚,随后又有大批从英格兰、苏格兰和爱尔兰的自由移民来到澳大利亚，他们的语言就受到澳大利亚土著人方言的影响，形成特有的澳大利亚英语变体。

（二）语言空间传播的动力

首先，不同语言之间的差异是语言空间传播的外在动力。任何语言都有不同于其他语言的地方，无论强于其他语言，还是弱于其他语言，都会引起其他语言的注意。随着人类迁徙到不同的地方，语言的差异性逐渐显现，分别体现在语法、语音和词汇三个方面，只要有条件，这种扩散关系就能确立。语言之间的差异可能导致A语言被B语言同化，或是代替B语言，或是使B语言退到边远地区；有时随着A语言区的扩大而产生语言的分化，出现新的方言或新的语言。

其次，语言的自身发展是语言空间扩散的内在动力。语言在封闭状况下发展非常缓慢，它需要借助社会这个载体不断的演变和发展。首先，当一种语言面临强势语言的入侵时，都存在语言生存问题，因此语言自身必须不断地与时俱进，呈现出开放的趋势，这主要植根于语言深层的发展和生存的动因。其次，当一种语言自身面临扩散与否的选择时，其根本动因在于价值。这取决于那种语言所有者的社会及历史地位。一个弱小民族，其语言除去学术上的认知意义,及或许存在的微弱的外交作用,几乎没有传播价值；反之，有价值的语言才会被其他语言选择和传播。

第三，政治边界和地理障碍常常限制语言空间的扩散，语言的空间传播也需要一些助力。鉴于各种社会政治因素和两地距离的远近及交际网络的疏密和语言演变扩散的速度及相互影响的大小有密切的关系，所以一定的交通条件和有利的社会政治环境可以大大促进语言在空间上的传播速度。例如，中世纪东亚世界的汉语和伊斯兰世界的阿拉伯语以及欧洲的拉丁语流行最为广泛，但由于受制于生产力低下等客观因素，这些语言的传播并没有突破大洋的阻隔，仅限于陆路的传播，但 15 世纪末到 17 世纪中期地理大发现的到来，促成了语言海陆的传播，使整个世界连在一起。另外，欧洲殖民的海外扩张，正好也为欧洲语言在殖民地的广泛传播提供了适合的政治环境，形成了通用语真正意义上在全球的推广：葡萄牙语、西班牙语和英语几乎覆盖了西半球；英语成为澳洲大陆、南亚和东南亚大部分地区的优势语言；法语与阿拉伯语在非洲北部并驾齐驱；俄语则控制了整个亚洲北部，形成了西方语言在世界传播的版图。

二、语言的时间传播

语言的时间传播是一种语言传播的延续，它不是面对面的传播行为，而是传播主体隐蔽了历史背景，通过其他媒介来进行代际传播。例如在国内或国外有目的地推行某种语言，不仅需要借助国民语言教育和对外语言教学，而且还要借助广播电影电视、网络、书籍等媒体促进语言的扩散，这其中涉及语言研究、教育、外交、广播电影电视、文化等多个部门和领域，所以语言传播为了克服时间的局限,需要走上技术之路, 也就是借助媒体进行传播。

语言的时间传播有两种重要方式：显性传播和隐性传播。显性传播是指通过政府法令以及条例规则等明文规定的政策来传播语言；隐性传播是指通过语言意识形态、语言实践活动等体现出来的语言倾向，以及可能影响到语言生活的其他法律条文或政府文件。隐性传播虽不是关于语言生活的明文规定，但是能够起到语言显性传播的作用。而显性传播如果过于强硬也有负面影响，因为当一种语言的传播成为一套强有力的思维模式、价值系统、生活习惯等思维定势时，可能给后人带来沉重的因袭负担，构成语言发展的巨大障碍，带来毫无生气的传统延续，甚至堵塞了代际语言传播渠道。

所以语言的显性传播和隐性传播是辩证的关系，二者相辅相成。一般来说，语言的显性传播是隐性传播的“法规化”外在体现。显性传播在执行中仍然需要隐性传播的襄助，甚至需要再转化为各种隐性的语言传播，从而进一步引导隐性语言传播向着显性语言传播的方向凝聚和发展。一个国家可以没有显性语言传播，但如果同时没有一致的、足够有力的隐性语言传播，那么，这个国家的语言生活将是“碎片化的”。例如美国的语言政策之所以发挥威力在于其中微妙的隐性部分即语言文化在起着决定性的作用。“隐性政策的标准和效果，可能对政府机构实践产生更大的影响，并可以形成和控制语言行为，这往往比官方的语言政策更有力量，更能取得预期目标(Schiffman，1996)”。

鉴于以上分析，语言传播的方式不是简单意义的平面扩散，语言的传播除了在空间领域(包括共时的地理或是社会阶层) 呈渐进扩散，在历时上语言的传播也以渐进扩散的方式来完成。语言的空间传播常常打破本地语言的原有格局，新旧语言之间产生激烈的冲突。在打破旧的平衡达到新平衡的过程中，旧语言中许多僵化的东西在新语言的冲击下会悄然逝去，新语言中某些适宜本区域的内容则会扎下根来，出现语言的整合现象。语言的空间传播也可以导致语言的区域分化。这主要因为在语言扩散过程中，外来语言往往会在一个区域中造成不同的影响：

(1) 由于交通条件的影响，某个地方接收到了某种新语言，而另一个地方却不能接收到。

(2) 外来语言对语言中心和边缘区影响不同。中心区原有语言势力强，对外来语言具有强大的抵抗力，接受外来语言慢。边缘语言区原有语言势力弱，容易接受外来语言，甚至被外来语言所同化。

(3) 语言扩散过程中的时间差也会导致语言的区域分化。语言的时间传播可通过显性或隐性的方式。事实上，一种语言即使有一种正式的书面的显性传播政策，也不一定被贯彻实施，其实施的效果更不一定得到保证和始终如一。不得不承认，在很多社会群体中，不一定有明确的和可观察到的官方在语言管理方面的努力。虽然有的国家和机构并没有以显性的方式传播语言，但是公众对于适宜的语言或者行为却往往有明确的取向。因此语言的时间传播可以是成文的，也可以是不成文的，但不成文的语言传播来自于社会的语言实践或者语言信仰，以更为潜移默化的方式在支配人们对于语言的选择。此外，由于特定的历史原因与复杂的政治因素，语言在传播过程中也必然经历迫于压力被孤立、再逐渐接受最后再广泛使用等阶段。所以纵观语言传播的历史，语言扩散也是一个涵化的过程，螺旋式的传播形式也是语言在时空中传播的常态。

第四节　语言传播的本质

传播学是一门研究人类社会信息传播的现象和行为，探索和揭示人类传播的本质和规律的人文社会科学，这门学科相对年轻，是传播研究者在20 世纪六七十年代初步建立起来的较为完整地学科体系。而语言传播作为社会语言学和传播学的交叉性研究，迄今为止更是鲜有研究者对其体系的构建进行探讨。

笔者认为，首先语言传播离不开传播，传播的本质是传播活动的根本性质，是指传播活动组成要素之间的内在的、稳定的联系，它是由传播活动的本身所具有的特殊矛盾所决定的 (邵培仁，2000) 。那么何为语言的传播活动？ Cooper 在研究语言政策时，认为语言传播是“一个交际网络为了实现特定的交际功能而采用某种语言或语言变体，随着时间的推移，该网络的规模得以扩大(Cooper，1982) 。”可见语言传播本质上是一个交际网络随着时间的推移而不断扩大的行为活动。从 Cooper(1982) 的定义看，语言传播的本质可以从形式、功能以及渗透性三个方面来研究。

一、形式

形式即某种语言或语言的变体，这主要由所传播语言本身的多样性，以及传播语言和当地语言之间的结构相似度引起的。语言在各自的传播过程中相互接触，随着语言之间的接触关系越密切，相互的影响就越深刻，最终导致语言各变体的内部结构发生变化，出现语言的借用、双语现象、融合以及混合等现象。而语言形式的差异本身就是语言传播中的因变量，从中可以归纳出语言传播活动的本质特征。

(1) 复合性。它指语言在扩散接触中，一种语言吸收其他语言成分，形成复合语言。语言的借用现象充分体现了这一点，因为不同的语言一经接触会互相影响，导致语言之间互相吸收外来成分出现变体，一般从语言的基本单位—词语开始，而且借用过来的词必须受到它从属的语音系统和语法系统的制约。例如早在16～17世纪时，大量的拉丁语、法语和其他语言被借入英语使用；中国汉代以后从印度借来大量的佛教用语，如罗汉、佛、和尚、僧等。

(2) 渐变性。语言传播过程中，不会有现存语言的突然死亡和新语言的突然产生，而是经过新质的要素的逐渐积累，也要经过旧质要素的逐渐衰亡来实现的(爱切生，1997)。从双语现象到语言融合的过程就充分体现了语言传播的渐变性。一般情况下，社会的突变不会必然导致语言的突变，但双语现象是语言融合漫长过程的必经阶段，语言的融合必然导致两种或多种语言统一为一种语言，被排挤和替代的语言，成为“底层”语言，最后死亡。例如，西班牙语和葡萄牙语在拉丁美洲，它们一方面通过过渡型双语政策，另一方面殖民、屠杀、驱赶等办法减少印第安人，缩小其居住范围，扩大殖民者人数和活动范围以扩大其语言分布区，最后致使大量印第安民族语言的濒临死亡。

(3) 不稳定性。语言在扩散时，与其他语言接触往往出现一种“混合”语言，“混合”意味着不是一种语言战胜另外一种语言，而是两种语言“拼凑”成一种混合语。有的混合语言往往交际功能有限，不过持续太久，体现了语言传播的不稳定性。洋泾浜语(pidgin) 就是这样的一种混合语言，它是为了适应当地人与外族人的日常交际而临时产生的一种辅助性的交际工具。一般说来，在双方社会地位不平等的情况下，地位高(高层语 superstrate language) 的一方往往会提供洋泾浜语的大部分词汇，而地位低(低层语 substrate language) 的一方则影响语音，语义和句法等方面。因此，洋泾浜语既不是高层语的变种，也不是低层语的亲属语，而是具有独立地位的，所以对于当地人和外族人都是一种“外语”。大部分洋泾浜语是以欧洲语言为基础的，如英语、法语、西班牙语、荷兰语和葡萄牙语等，这反映了殖民主义的历史。但由于洋泾浜语的作用有限，这种混合语往往不能持续太久，一旦最初交际的理由减弱或消失，或一个社会集团成员学到另一个社会集团的语言时，它就失去了存在的价值，稳定性差。例如流行于越南的洋泾浜语在法国人离开后就完全消失了，在美国越南战争期间出现的洋泾浜英语也随着战争的结束基本消亡了，稳定性比较差。

(4) 演化性。语言通常是由简单形式演化为复杂体系。混合语之一克里奥尔语(Creole) 的形成就体现了语言传播的演化性。克里奥语通常由洋泾浜语发展而来。洋泾浜语本来是为了应付有限的交际而形成的简单语言。等到以洋泾浜语为唯一交流工具的群体有了下一代，洋泾浜语就成了母语。既然是第一语言，就必然要应付各种复杂的交际情况，洋泾浜语原有的手段肯定不会够用，词汇、句法以及语用系统都会迅速扩展，这就形成了一种新的混合语克里奥语。如新美拉尼西亚语，就是从新几内亚的洋泾浜英语演化而来的，已经基本定型，有简明的因为和语法规则，有自己的书面形式，成为巴布亚新几内亚的官方语言。

二、功能

功能即交际功能，指语言传播的目的。在多语地区，说话者为了达到不同的目的而选择不同的语言，反映了说话者在信息交流中强调自己的社会价值和社会地位。从功能角度，语言传播的本质特征还可以表现为：

(1) 竞争性。具体指在传播过程中，两种以上语言同时存在就会产生竞争和排它现象，主要体现在语言传播的集团间传播(between-group) 和集团内部(within-group) 传播。以英语的传播为例，最初在美国、加拿大和澳大利亚，英语作为集团间传播的媒介语言，主要用于移民群体与主流社会之间，移民集团内部的传播只使用母语，但如今英语跨越了集团间的传播，跻身进入移民集团内部，取代了移民者原有母语的功能，这使英语对民族语言的地位造成了威胁，很明显产生了语言的竞争和排它现象。

(2) 阶层性。语言传播过程中，随着人类活动身份的不同，必然会使语言有了明显的阶层性。平行关系(horizontal integration) 和垂直关系(vertical integration) 是研究语言传播功能的两个维度，平行关系指跨越地理和人种界限、把社会作为整体的社会信息进行交流的过程，而垂直关系则指社会中不同阶层之间的信息交流过程，特别是社会上层同普通民众之间的交流过程。其中平行关系体现了语言传播的竞争性，而垂直关系则关系到语言传播的阶层性，即语言在不同阶层传播以后，对于工人阶层、中产阶级、上流社会都有不同的表达形式。所以要认识语言的传播过程及其本质，从分析语言的地区和阶层分布也是非常必要的。

三、渗透性

首先，渗透性指语言扩散的方式。语言一旦形成，总要由其起源地向外传播，达到一定的使用范围，包括人群和地区的范围，才不至于消亡，才能在使用的人群和地区中随着其生产的进步和文化的发展而不断地得到发展，这一观点主要是受 Johannes Schmidt(1872) 的波浪理论的影响。他认为语言特征在传播过程中相互渗透，由一个特定的语言区域向周围扩散，就像水波波浪一样向周围传播，以同心圆为圆心如水波向周围扩散传播。这种语言特征对临近区域的语言影响最大，而随着距离的远离影响逐渐减小。所以语言传播的本质还表现为：

(1) 外延性。即语言是呈波状向外放射，语言或语言要素作为波源，它的扩散如同波一样向四周散开，两种或两种以上的波源的波相遇后，便形成了一个新的语言现象的生长点，这些新的语言生长点发展成熟后又可能成为新的波源，逐渐扩大语言圈域，通常语言圈域都是由小到大向外延伸(个别语言圈也有日趋缩小的) 。

(2) 连续性。语言的连续性是指语言向外延伸的过程。语言是逐渐向相邻地区扩展，再通过外延地区向其相邻地区传播，故语言在地区分布上有连续性特点。语言向远离语言源地的传播，是通过人的迁移(如英语传到美洲) ，人对人逐渐向外延伸的。例如，欧洲移民向美洲新大陆的迁移造成的英语向美洲的传播，这一过程中语言通过其居民，从该地向四周，不断的传递，其所占据的空间也越来越大。

(3) 层序性。由于语言是呈波状扩散，对某些地区来说就有多次重复的层序性。早期传入的古老语言和后来传入的新语言有着不同的层序性，往往新语言是在古语基础上发展起来的，但差别很大。如有些青年人不懂古语，有些老年人不懂新语。

其次，渗透性还可以指语言被接受的程度。语言态度界定语言选择，或者说，语言选择是语言态度的反映。人们在传播一种语言时，除了要求这种语言具备应有的交际功能外，更重要的是人们对这种语言是否认可，在感情上对这种语言是否接受。所以语言传播的本质还具有选择性。

(4) 选择性。积极的语言传播态度和扎实的落实措施可以加快传播速度，提高传播质量；反之则会延缓传播速度，影响传播质量。从语言传播的主、客体角度出发，有四个接受新语言的标准变项。

1) 意识(awareness) ：传播者是否意识到某种语言的重要地位。

2) 评价(evaluation) ：传播者是否对某一语言采取赞同或反对的态度。

3) 熟练程度(proficiency) ：传播者是否熟练掌握一种新的语言。

4) 使用(usage) ：传播者是否大量使用该语言。以新加坡为例。新加坡是一个由华人、马来人、印度人和英国人等组成的多民族、多语种的国家，官方语言的选择除了政治上的原因外(新加坡是英联邦国家，殖民时期英语是官方语言，新加坡的英语普及率高)，还要权衡汉语、马来语和泰米尔与之间的语言冲突等会引发的民族问题，从语言和谐和实用主义出发，选择英语和三大民族语言同为官方语言。

本小节从形式、功能和渗透性三方面对语言传播的本质进行了全面的分析，这也充分体现了传播的共时性与历时性。“外延性”“连续性”“复合性”、是从语言传播的地理空间角度出发提出的，语言在传播过程中随着地理空间的加大，语言扩散的辐射度就越大，不断向外延伸，在与其他语言的接触中，不断吸纳新的语言，语言出现变体，所以离语言核心区越远，所传播语言的影响度越弱。“阶层性”“竞争性”体现了语言传播在同一时期社会空间上的变化，当社会阶层距离越远，语言冲突越激烈，语言特征的传播将随之减弱，影响也就越小。所以这 5 种本质特征主要展现的是共时的语言现象，属于共时语言学的范畴。“层序性”“演化性”“不稳定性”和“渐变性”则体现了语言的历时现象，在时间上距离现今越遥远，则与现今的语言形式差异越大，语言的不稳定性因素增多，使语言传播呈现一个渐变的发展过程。所以时间也是造成语言在传播过程中语言演变的重要因素之一。

第三章　英语传播历史进程与分布

英语能够在数千多种语言中脱颖而出，被越来越多的国家或民族所接受，绝不仅仅是单纯的语言传播问题。回顾世界一些主要通用语的发展历程，希腊语能够风行地中海靠的是古希腊军队的剑与矛，拉丁语称雄欧洲千年主要取决于罗马军团的威力和罗马天主教的影响，西班牙语、葡萄牙语和法语盛行于南美、非洲或远东，这是由于文艺复兴时期西班牙、葡萄牙和法国通过其陆军和海军强力推行殖民政策的结果。因此，语言传播的成功与否不仅有其自身的规律，它的传播和影响还有赖于该语言民族政治、宗教、经济、文化、军事等领域的地位，而后者的此消彼涨更是前者兴衰更迭的晴雨表。鉴于此，探究英语的形成、演变及国际化传播，首先要从研究英语独特的传播史开始。

第一节　英语的传播简史

英语的传播史大体分为三个阶段。首先从公元五世纪古英语用了 1 千多年的时间逐步形成，然后在英伦三岛最终确立其国语地位；接着英国在 16 世纪逐渐崛起，大英帝国在建立“日不落帝国”过程中竭力推行语言同化政策，英语的势力范围迅速扩张，成为当今世界名副其实的全球通用语；然后 20 世纪美国的强盛及其他英语国家的中心地位，加上全球经济一体化和通信技术的飞速发展等因素都促成了英语的全面扩张。

一、16 世纪前英语在英伦三岛地位的确立

从历史语言学角度讲，英语的发展演变可分为外部历史与内部历史研究两部分。外部历史涉及到该英语使用者的居住地区和迁移情况、使用者内部发生的各种交流事件、该语言增加使用的人群或失去原来使用的人群的情况等等。简单说，英语传播的历史中凡与英语本身的历史有关的一切，都在包括在内。内部历史主要涉及该英语的构造随着时代变迁所发生的变

化，这与本论文的研究方向不太相关。因此，以下将着重从外部历史入手，分析异族入侵与诺曼征服对英语形成和传播产生的巨大影响。

（一）异族入侵与古英语的形成

古英语的形成贯穿于大不列颠的外族入侵史之中。据文物考查显示，在古英语形成前，大不列颠岛先后被异族入侵四次：

首先是约公元前 3000 年伊比利亚人的定居，他们从地中海地区给不列颠带来了新石器文化，同时征服了先前在那儿居住的旧石器人，但他们的语言尚无史料可查。

接着是约公元前 500 年凯尔特人的征服，他们占领了不列颠群岛，伊比利亚人大部分被杀戮。但由于凯尔特人讲凯尔特语，没有形成文字，对当地语言文化的影响极其有限，不过凯尔特语依旧是大不列颠岛上的唯一具有史料依据的最早的语言。

然后是公元前 55 年罗马帝国的征服，不列颠后来逐步成为罗马的属国，拉丁语开始成为上层凯尔特人使用的第二语言，因为他们的官方用语、法律用语、商业用语等均是拉丁语，这就是不列颠岛史上出现的第一次双语并存、互为融合的现象。 虽然公元 407 年，罗马人因罗马帝国内外交困，不得不开始撤离不列颠，但拉丁语的影响一直得以延续，到后来约 350 个拉丁文字被古英语吸收，成为基本词汇的一部分。

最后是约公元 449 年日耳曼人的征服，主要包括盎格鲁人(Angles) 、撒克逊人(Saxons) 和朱特人(Jutes) ，他们趁罗马帝国衰落、内外交困之机入侵大不列颠诸岛，征服战争持续一个半世纪之久，到了公元 6 世纪末，大不列颠岛上的凯尔特人几乎灭绝。这次外族入侵对古英语的形成尤为关键，虽然这三个日耳曼部族都有各自的方言，但这些方言均属于西日耳曼语系(West Germanic) ，都使用一种叫作茹尼克(Runic writing) 的文字，有许多共同之处。随着历史的演进，盎格鲁人、撒克逊人和朱特人逐渐形成统一的英吉利民族，他们各自使用的方言也逐渐融合，出现了一种新的语言——盎格鲁－萨克逊(Anglo-Saxon) ，这就是古英语(蒋孟引，1988) 。因此，准确地讲，“英语”对大不列颠的民族来说并不是本土语言，是那些从欧洲大陆渡海征服不列颠的人带过去的外来语种，它是在特定的地理和历史环境中，经过一系列民族迁移与征服，不断吸收整合这些外来语才形成了自己独特的语言，这也证明了任何一种语言的发展并非是孤立的进程。

（二）诺曼征服与英语传播的演变

古英语形成后，它的传播道路是曲折的。由于它的影响力开始相当有限，到公元 16 世纪，世界上说英语的人仅有 500 万～700 万人，且仅局限于不列颠诸岛。而公元 12 世纪诺曼人对英格兰的征服，更是导致英语传播出现了短时期的倒退。直到英国从依附法国逐步走向摆脱法国的控制，成为独立的统一的民族国家的历史时期，英语的地位才在英伦三岛重新确立。

本书在第二章法语推广中提及过诺曼人，他们是日耳曼人北方支系，在血统上与英格兰人有着相同的起源。由于诺曼人入侵法国后，逐渐接受法国的宗教、语言、生活方式和社会风俗，以致后来与法国人无异。但由于诺曼人是一个习惯于战争的民族，没有战争几乎不能生存，在他们定居法国后仍然不断地向周边扩张。因此，1071 年底，整个英格兰被诺曼牢牢控制，成为英国历史上著名的“诺曼征服”。

诺曼征服对英国的社会发展产生了巨大影响，不仅加速并最后完成了英国的封建化过程，使封建生产关系基本在英国确立，而且这次征服的严重后果是古英语的四种方言都沦为次要地位。诺曼征服后，英国社会形成了具有等级差的三语并存的局面：法语、拉丁语和英语。法语成为英国宫廷和政府的官方语言。从 1066－1399 年 300 多年的英国国王、封建领主、贵族官吏及其他社会上层人士均使用法语，学校、法庭、军队等领域也都为法语所控制。拉丁语成为教会语言，拉丁文版本的《圣经》继续沿用，传教活动大多也用拉丁语进行。此外，拉丁语也是通用于整个欧洲的学术语言，学者们都用其撰写学术著作，学校也用其进行教学。而英语却被认为是“粗陋”的语言，只适合贫困农民及偏远地区的村民使用，只有下层官吏需与劳动人民接触时，才同时使用英、法两种语言。这一切充分验证了语言具有民族性、阶级性。

不过一旦当两种或两种以上语言长期接触碰撞，他们之间也就同时产生接触和冲突，语言与民族意识的紧密关系就会凸显出来。由于语言一直是民族的认同根基，共同的语言使得个体具有民族归属感和人与人之间的亲近感。当某一民族的共同语言受到外来威胁时，人们将自觉地加以维护，同时也自觉不自觉地排斥甚至打击他人的语言，这就是语言学家称之为的“语言意识”(蔡永良，2003) 。语言冲突能引发战争对于英格兰民族也是如此。诺曼人长期的压迫与奴役，激发了英格兰人们的民族意识与反抗精神。13 世纪英国和法国之间爆发了“百年战争”，以及随后历时 30 年的“玫瑰战争”。从此，法语在人们心中的地位下降了，而英语的地位迅速提高。各种形式的英语教育不仅在民间轰轰烈烈地开展起来，同时也影响到上层社会，甚至王室成员也开始崇尚英语教育。由此可见，在诺曼底人退出英格兰政治舞台之后，英格兰民族的语言意识逐步成为英格兰的语言政策。14 世纪初，英语在英国已普遍使用，虽然人们还是将法语当作外语使用，是英国人中有教养的人的第二种语言，但法语就这样渐渐失去了它的特殊地位，而英语的地位重新在英伦三岛得到确立。

二、16～19 世纪大英帝国的崛起与英语的海外扩张

16～19 世纪是英国国际化的第一阶段，英国的推广主体以国力为后盾，以军事为先导，另一方面也与欧洲文艺复兴的思潮、宗教改革的推行和工业革命的成功关系密切。这期间“日不落帝国”迅速崛起，英语的势力范围也在 300 年的时间内迅速扩张，成为当今世界名副其实的全球通用语。正如 McKay(2002) 所指出的那样，“殖民主义、移民以及新技术在英语国家的发展都在英语最初的传播中起到了重要的作用。”

（一）文艺复兴思潮与英语的演变

文艺复兴是欧洲历史上新兴资产阶级反对封建地主阶级的一次思想文化运动。14 世纪在意大利兴起，16 世纪在欧洲盛行。在英国，随着英国资产阶级的兴起，这场新兴阶级反对封建地主阶级的思想文化很快于 16 世纪末席卷英国，并一直延续至 17 世纪。文艺复兴不仅给英国带来一段科学与艺术的革命时期，冲破了中世纪神学的迷雾，促使新航路的开辟和美洲大陆的发现，更加速了中古英语向现代英语的演变。它推翻了拉丁语的书面语地位，吸收并消化了庞大的外来语词汇并不断发展壮大，在发展中实现了较为规范的拼写法。

从英语的本体规划看，首先英语书写方式趋于统一。1658 年菲利普斯出版了《英语词汇新世界》(*The World of English word*) ，为早期现代英语统一书写形式做出了贡献。其次，英语逐渐摆脱传统的拉丁语法框框，强调语言表达思想，为交际服务，大胆创新产生词类互相换用，名词可作动词用，形容词可当名词和副词用。再次，英语词尾的屈折变化逐渐消失，实现中古英语向现代英语的简化与规范化。

从英语的地位规划看，16 世纪后半期到 17 世纪初期，文艺复兴运动席

卷英国，使英国出现了文学创作的全盛时期。印刷术在英国普及，教育事业和国际阐交往空前发展，许多人文主义者热心钻研古代希腊、罗马文化，汲取古代社会及当时欧洲大陆的文化精华。这一切不仅促进了英国文学事业的繁荣，而且对当时英语的纯洁化起了重大作用。代表人物主要有斯宾赛(Spenser)，莎士比亚(Shakespeare) 和密尔顿(Milton)。斯宾赛在他的诗歌里采用了许多英语的古词和英语的方言词；莎士比亚在他的诗歌和戏剧作品里经常运用英语本族语创造出丰富多彩、千变万化的语言形式表达人物的思想和感情；密尔顿吸收了大量的拉丁语词和拉丁语法结构来写他的英语诗篇，气势雄壮。虽然他们都各自说自己的方言，但另一方面，这些作家却都选用伦敦方言作为标准的文学语言，而且是没有任何地方方言特征的标准的文学语言，因此推动了英语向进一步规范化的方向发展。

（二）宗教改革与英文《圣经》的影响

欧洲文艺复兴科学与文化的繁荣使人们开始怀疑教会的传统神学，冲破旧思想的束缚。因此，欧洲宗教改革的发起人和积极活动者绝大多数都是投入文艺复兴运动的人文主义者。他们的宗教观直接影响着宗教改革的性质和进程，使 16 世纪的英国社会处于一种前所未有的剧烈变动之中。

这场宗教改革不仅体现在新的教派安立甘宗与新的宗教学说，也体现在政治、经济、语言等领域所发生的一系列变革。宗教改革本质上是一场文化运动。大英帝国是一个自信的民族，渴望将他们的价值观和文化作为一种工具传播到世界各地。所以，宗教改革运动成为了殖民地传播英语的又一重要途径。

宗教改革时期英国语言文化的发展体现在许多具体的方面，但这其中英文《圣经》的出版无疑具有划时代的意义。首先，它打破了长期以来教士垄断知识的局面，这时每个人可以通过阅读《圣经》直接去感受上帝的神召，可以根据自身体验去解释《圣经》，《圣经》成为唯一最高的权威。更为重要的是，宗教改革运动促使英语成为神学家的语言、礼拜祈祷的语言、宗教的语言。英文版《圣经》以其精炼的文字，日常生活中出现的鲜暎生动的成语见长，以本族语为主体，巧妙地将外来语与本族语结合为一个有机体，极大地促进了民族意识的觉醒和民族语言文化的发展与传播。由于有了英文版《圣经》，英语架起了基督教作为一种信仰的桥梁，英帝国各民族也都因有坚定的信仰，英语使宗教成为思想交流的主要工具，从而广泛地传播了英语。

然而，英语传播的背后也意味着大英帝国在殖民地的扩张。后期英文版《圣经》的传播与海外传教士在的传教无疑在思想上奴役殖民地民众从而政治上牵制起到至关重要的作用。对于英国，传教士是英国海外隐性势力的一个的重要组成部分，而英文版《圣经》正是撬开海外殖民地大门的一把利刃。例如 1 8 世纪末，英国殖民者认为好望角是进入非洲大陆的一块跳板。但是，由于语言上障碍，使得他们的计划显得并不是很完美。所以，英国殖民者巧妙地利用基督教在当地建立教会学校，边教当地人学习英语，边用英文传播《圣经》对当地民众从而实施思想的同化与侵略。

鉴于此，宗教改革的确使英国在文化教育领域取得了令人瞩目的成就，这不仅是一种知识的增长，而且是一种精神的成长，同时英文《圣经》更带来了理性主义与民族主义意识的提升；然而，宗教改革却也成为英国政客的有力臂膀，成为助长他们大肆海外殖民扩张的利器。

(三) 海上霸权与英语的殖民扩张

继 15～16 世纪西班牙、葡萄牙、荷兰海外扩张之后，英国在与这三个早期帝国的争夺和与法国的竞争中，依靠其国内资本主义生产的绝对优势，17 世纪一举夺得海上霸主，发展为独一无二的世界帝国。早期英语在世界范围内的海外扩张跟英国的海外殖民地征服是同步进行的，英语在世界范围内的扩张可以相应地划分为两个阶段。

(1) 英语在美洲、大洋洲等的殖民。第一阶段始于 16 世纪末至 17 世纪初，英国主要殖民势力进入美洲、大洋洲和西印度群岛，并建立“第一英帝国”。

17 世纪，奴隶贩子把洋泾浜英语带到美国的南部和加勒比海地区，而他们的第二代移民又将其发展为克里奥耳语。1776 年美国独立后，许多亲英人士又从美国移民到加拿大。

加拿大和英语的首次接触虽然最早可推溯到 1497 年，然而，英语沿大西洋海岸向北的迁徙直到一个世纪以后才得以发展，是农业、渔业和皮毛贸易业吸引了大批讲英语的殖民者(王昺，姜芃，2008) 。1608 年法国人开始在魁北克建立定居点，随即向内地扩张，导致法语也出现在这片大陆。因此，英、法两种语言一直冲突不断。

澳大利亚的英语传播从 1788－1852 年开始。为了减缓英国本土监狱拥挤的压力，大量英国社会底层的流放犯被转移到澳大利亚(Fennell，2005) ，他们构成了澳大利亚初期移民人口的主体，随后又有大批从英格兰、苏格兰和爱尔兰的自由移民来到澳大利亚寻找谋生机会，他们的混合方言受到澳大利亚土著人方言的影响，形成特有的澳大利亚英语变体。

英语在新西兰的传播较晚。从1790—1885年，欧洲商人从各地来到新西兰做生意，他们的混合方言受到新西兰当地毛利语(Maofi) 的影响，形成新西兰英语变体。这些美国英语、加拿大英语、澳大利亚英语和新西兰英语形成了“新大陆英语”变体, 在相当大的范围内带来了世界英语的变化和发展(颜治强，2002) 。

(2) 英语在亚洲和非洲的殖民。第二英帝国从 17 世纪末开始，英国开始对亚洲和非洲进行大规模殖民。

在亚洲，英语是 18 世纪后半叶被引进南亚次大陆的，特别是 1835 年英国的教育体制被引进印度后，英语就成为印度教育领域的语言，即使今天英语仍然是印度的协助官方语言，并且经历了印式化的过程，已经像美国英语和澳大利亚英语一样具有自己的地方特色。英语在东南亚和南太平洋的影响始于 18 世纪后期的航海探险，主要地区是新加坡、马来西亚、中国香港和菲律宾群岛，这些英国的保护领地使用的全是“洋泾浜”英语。这些世界英语有其共同的历史渊源以及与英语或美语文化的密切关系，使得语言学家很难将它们进行分类。但是，这些世界英语有其各自的特点，特别是有各自独特的口音，另外在词汇的习惯用法、语法和语篇策略上都与标准英语有明显的区别，构成了今天的“新型英语”种类，这是世界英语形成和发展中的一个组成部分(颜治强，2002) 。

非洲殖民地的英语主要分“南非”“西非”“东非”和“北非”。随着 1795 年英国对好望角的占领，英语也进入了南非。由于南非之前被荷兰殖民，所以英国占领后立即采取同化政策，在法律、教育和公众生活的大部分领域中都开始使用英语。1814 年英语已成为殖民地的官方语言(Kamwangamalu，2002) 。不过，荷兰移民与英国移民时而相互争夺，时而又相互勾结。就这样，经过无数次的兼并与反兼并，1910 年，南非组成联邦后，确立荷兰语和英语共为其官方语言。西非的英语与奴隶贩卖时的“洋泾浜”英语和克里奥耳语的发展有关。由于当时的英国商人不定期地来来往往，与当地说着各种土著方言的居民做生意，他们之间就用混合英语进行交流。直到今天英语在西非已建立一定的官方地位后，当地居民仍然用“洋泾浜"英语作为他们的第二语言。东非与西非的殖民情况完全不同。虽然 1888 年，英帝国东非公司成立，随后建立了殖民地保护国体系。但是，欧洲其他国家(德、法、意) 也和英国争夺控制权，而且这个时期的殖民扩张一直沿袭斯瓦西里语的传统，对英语在东非扩张的意义不大。情况的改变是在第一次世界大战以后，大批的英国移民在东非定居，出现许多侨民和非洲出生的白人，尤其在19～20世纪之交，许多传教士将英语带到这里，也将英国英语的模式带到了学校。这样，出现了大量的以英语为基础的变体(Josef Schmied，2006) 。英国的殖民对于北非埃及的影响从19世纪80年代开始，英国占领埃及之后，埃及的贵族阶层虽然依旧对法语情有独钟，但英语也取得长足进展。尤其在两次世界大战期间，英国政府上下齐心合力致力于扩大英语教学在埃及学校中的影响。

(四) 工业革命与英语的规范化

起始于18世纪后半叶并一直延伸到19世纪中叶的工业革命是英国历史上一个重要时期。这是英国社会结构发生巨大变化的时期。工业革命给英国社会带来的不仅仅是生产方式的巨大改革和技术上的革新与进步，它的影响渗透到英国社会的各个方面，尤其是再次引发了对英语本体地位的进一步规化与推广。

鉴于工业革命时期，英国经济迅速发展，国力迅速增强，大英帝国的影响力开始蔓延到世界各地，而英语也随着大不列颠日不落帝国的士兵和商人输出到亚、非、拉美等世界各个角落，向全球性语言迈进。语言学家们认为，当前英语已成为一个拥有巨大的词汇，富有表现力，具有强大生命力的语言，为了更好地提升英语在世界范围的推广力度，创新已不是推广之根本，而将英语规范化、普及化才是第一要务。

那么何为语言规范化？语言的本体规化主要包括语音的标准化、文字和词汇的标准化、语法的标准化等等。而所有这些规划措施中，“定”即规定、规范化是本体规划的关键所在。因此，当时的语言学家提出规范英语、使语言纯洁化对于英语的推广做出了重大的贡献。

为了界定英语的正确用法，并且尽可能把它巩固下来，做了以下工作。

在推广机构方面，斯威夫特在1712年提出了建立一个英格兰国家学院的设想，旨在通过这个监督机构，对语言中的问题作出裁决，遏制语言中的不规范用法，将英语中的短语规范化。

在语法、词汇标准化方面，约翰逊在1755年出版的《英语辞典》是工业革命时期在语言规范化方面最重要的一本辞书。它给所收的每个词都下了准确、清晰的定义；把所收的每个词的拼写固定了下来；从英国各时期文学作品里引证了大量的例句来说明词义和词的用法。在其问世后的数百年来，一直是有关英语语言的一本权威性词典，它对于英语的书面语、惯用法和拼写法这几方面所起的稳定作用比其它任何著作都要大，为《牛津英语大词典》的编著打下了结实、牢靠的基础(颜治强，2002)。

在英语发音的规范化方面，谢里登 1780 年出版的《英语语音普通字典》是有关标准化发音的重要著作，他在推广英语规范化发音方面做出了巨大的努力。他曾说过："总的来说，如果此类词典和语法得以出版，它们必须很快为教英语的学校采用。用同一方法，同一套系统规划教育学生，其结果是他们的发音就会统一。因此，生长于不同地域的人们及其他们的后代将不再说不同的方言，从而成为说同一语言的英王的臣民。这些人将会重新获得生而具有的用同一语言交流的权利，这一权利曾被剥夺太久，转而成为少数人的特权。" (Sheridan，1995)这套标准规约语言的正确用法，其中的规范化发音可在以英语为母语的国家通用，今天，为操英语的人们特别是英式发音的人们所熟悉的 RP 发音，与起始于工业革命时期的这一规范化大潮有密不可分的联系。应该说，Sheriden 等人所大力倡导的英语发音规范化标准已经确定，并在世界范围里传播和推广，英语能成为一个逐渐被世人公认的国际性语言在一定程度上要归功于这一场规范化革命。

但纵观英语发展史，每一历史时期的规范语言要绝对非地域化、中性化是难以做到的。规范英语的基础带有浓厚的地域和阶级色彩。从语言学角度来看，工业革命时期英语发音规范确定遵循的是规约性传统。语言规范原则的确定受掌握确定规范权的学者们的主观意愿左右，非理性，非始终如一，并带有那个时代的阶级偏见。然而，规范语言有明显的好处，有一个大体上一致划一的发音，有助于不同地区的人们用英语进行交流，促进了英语在世界范围内的传播。

三、20 世纪以后英语霸权的全球再扩张

辉煌了一个多世纪的"日不落"大英帝国在 20 世纪上半叶逐步走向衰落，其殖民体系也最终瓦解。英语本应伴随大英帝国的衰落而衰落。然而，从大英帝国中独立出来的前殖民地，由于没有经历欧洲民族国家自然形成的过程，大多存在多种族多语言的矛盾，并且在建立新的国家过程中，由于英帝国遗留下来的国际边界、政府机构、经济方案、法律和语言等诸

多问题，使它们很难一切从头开始，因而它们大都选定英语为官方语言或官方语言之一。尤其是美国作为世界超级大国在 20 世纪的兴起，对英语霸权的发展是至关重要的一步，这意味着英语作为地理平台语言的霸权地位在世界各地的延续与进一步加强。正如 Graddol(1999) 所说，如果没有美国兴起，那么英语的地位将会随同大英帝国的衰落而衰落，就像原来的欧洲殖民强国语言如葡萄牙语和荷兰语一样。

(一) 英殖民体系的瓦解和语言政策的转变

1814 年至 20 世纪初，殖民国家及殖民地已占全世界 85%的陆地面积。各国的殖民地分布是不均衡的，除了实力仍然强大的英国和法国外，早已衰落的西班牙、葡萄牙仍然掌握着大片的殖民地，而新兴的美国、德国、日本和意大利这些国家只占有一些面积不大、资源贫乏的“剩余地区”。随着争夺殖民地的手段趋于激烈化，各主要殖民国家在 19 世纪末至 20 世纪初相继卷入一系列外交和军事冲突，爆发了两次世界大战。

第二次世界大战结束后，旧的殖民体系被打破。许多英国殖民地纷纷独立，他们的信仰发生了动摇，不再相信帝国的神话，尤其是亚非民族独立运动使英国面临最严重的挑战。而英国在二战结束时，也已从资力雄厚的债权国沦为一个欠债 37 亿英镑的负债国，财力耗尽，出现内忧外患的局面。这时，国际的新格局逐渐形成，美苏在二战后期以及 50 年代对殖民地问题直接过问，这更大大削弱了英国的国际地位。

在新的形势下，英国的对外政策被迫面临全面的调整，文化政策一度失去了明确的方向。回顾英国之前的语言推广政策：16～17 世纪殖民扩张时期，英国与老牌殖民者的纷争中取胜，随即在欧洲范围内进行大规模、明目张胆的殖民扩张；18 世纪中叶，英国政府对殖民地普遍实行的是种族隔离的教育政策，使英语渐渐成为文化和经济上步入殖民地主流社会的正式渠道，这也是英国语言推广在那一时期采用的最主要的政策；20 世纪随着第一次世界大战和殖民解放运动的兴起，英国的殖民扩张大幅缩减，不得不对殖民地的教育转而借助商业及教育等手段对英语进行推广。

那么第二次世界大战以后，面对旧的殖民体系彻底被打破，英国整个语言对外推广的政策被迫再一次转变，借助“文化交流”、“援助”等更为温和、间接和隐蔽的方式来推广英语。1934 年成立的英国文化委员会，实际上就是政府给予支持的一个语言推广机构。可以说,英国文化委员会的成立，标志着英国语言的推广进入了一个崭新的阶段，即正式由政府支持，使英国的语言推广形成了系统化、标准化的模式。它将语言推广政策的重心放在了借助语言优势保持和提高自身的文化影响力，并且将语言推广放到了国家文化战略的高度。1980 年代，英国文化委员会在一份年度报告中坦言："英国拥有的黑色金属并非北海石油，而是英语。英语是我们民族文化的基础，我们的任务就是充分发掘这种资源"。

近年来，虽然英国对外语言推广纷纷设立，如英国广播公司(British Broadcasting Corporation，BBC) 、教育发展中心(Centre for Education Development) 、大不列颠及北爱尔兰旅游协会(The Travel Association of Great Britain and Northern Ireland) 、海外发展署(Overseas Development Agency，ODA) 以及英国教育部所属的各类公共教育机构都在英国英语推广中发挥了非常重要的组织运作与平台作用。然而在这些机构当中，英国文化委员会仍然是唯一一个专门致力于海外英语推广的准官方机构，是当代英国海外英语推广政策的制定与执行主体，更是我们借以了解英国海外英语推广政策与实施的切入口(张西平，柳若梅，2008)。

(二) 英殖民地语言的继承

自 20 世纪 50 年代后期至 70 年代中期，民族独立风暴席卷亚、非、拉美、欧，大多数英帝国的殖民地在这个时期获得独立，建立起了一大批崭新的民族国家。例如在亚洲，其殖民地有印度、缅甸、香港等，非洲有莱索托、津巴布韦、赞比亚、南非等。

这些国家独立后，在其重建过程中，一个首要问题就是官方语言的确立，这为新兴国家的重建提出了严峻的考验。一方面，对于大多数前英殖民地，民族语言颇多，要选择一种语言作为新成立民族国家的官方语言非常困难。原因是亚非拉的大部分新兴民族国家并没有经历欧洲民族国家自然发展的漫长过程，也没有形成民族语言与民族国家的密切关系，多民族多语言现象极为普遍。确立官方语言的问题处理不得当，很容易又语言冲突引发民族纷争乃至国家政治的不稳定。另一方面，对于前英帝国殖民地国家，英国的殖民历史，大英帝国作为一个制度霸权，其政治、经济、文化等方面对其殖民地的影响早已根深蒂固，尤其在教育方面。英属殖民的初、中、高级教育体系大都是由英国人建立起来的，并以英语为教育媒介语言。他们继承了对英语的使用，英语仍然在各个领域中起着非常重要的作用，已成为国家现代化不可缺少的工具。所以，独立后的社会结构和教育结构不能保证不说英语的人可以获得的利益与说英语的人所获得的利益相等，或者大于他们。因此，刚刚摆脱大英帝国殖民统治的新兴民族国家，在民族国家语言选择问题上面临了一个难题。

然而，令大英帝国都始料未及的是，从大英帝国中独立出来的新兴民族国家最终大多选择了英语作为民族国家的官方语言，大体情形分为两类：在前移民式殖民地地区，如美国、加拿大、澳大利亚、新西兰、加勒比海地区、南非等地，由于大量的早期移民来自英伦三岛，加之英帝国在政治、经济、文化等方面的长期统治，英语在移民式殖民地地区占据强势的主导地位，因而这些国家的独立，英语作为官方语言是毋庸置疑的，也没有遇到太多的阻碍。在前侵占式殖民地地区，在英帝国殖民统治者离开后，多种族、多语言的矛盾非但没有消除，反而由于殖民造成的诸多不平衡发展等因素更加激化，斗争的最终结果是，英语成为调和多民族矛盾的折中方案，最终还是在新成立的民族国家中获得官方或半官方语言的地位。对于很多新兴的民族国家来说，将英语作为官方、半官方语言，是大多数新成立的民族国家非常无奈的选择，也许也只是国家成立之初一种应急的、过渡性语言政策，然而却一旦确立而之后就很难再更改了。

不管结果如何，虽然二战结束后，“日不落帝国”不复存在了，然而日不落帝国的语言却在前大英帝国殖民地地区不断独立出来的新兴民族国家中获得官方、半官方语言或重要通用语言地位，成为大英帝国殖民统治的重要遗产。

（三）美国语言霸权地位的确立

在美国成为一个独立的国家后，同样由于民族主义的兴起和影响，产生了建立一个新的民族的强烈愿望，政治上的独立也使得美国人民继而追求语言文化上的独立，加之美国政治、经济、人口结构和社会方式的特殊性，对作为社会交际工具的语言提出了迫切而特殊的要求，这些因素都有力地推动了美国英语的独立与发展。而 19 世纪末二战结束初期，旧的殖民体系被打破，又为美国霸权崛起与确立创造了历史机遇，所以美国英语也伴随美国霸权崛起。

二战后美国成为英语国际化的第二阶段的推广主体，它主要借助美国强大的国力为后盾，以文化软实力的渗透、信息产业革命为先导。

首先为了提升经济强国的地位，美国与 19 世纪末至 20 世纪初成功地完成了“第二次工业革命”，并迅速跻身世界强国行列，为美国语言霸权的形成提供了经济上的有力支持。

当然，经济强国地位当然也需要相称的国际政治地位和军事实力。军事扩张方面，虽然老牌殖民帝国所建立起来的地理平台语言霸权和制度语言霸权，都已发展、完善近乎极限，没有更大的扩展空间了，但是 1898 年美西战争的胜利使拉美、太平洋地区和亚洲成功地被美国控制，并顺利扫清美国扩张道路上的最直接障碍——昔日的世界强国西班牙，从而使美国成为殖民帝国。国际政治地位方面，美国成功地抓住了第一次世界大战的历史机遇。既为结束战争做出了重要贡献，又坐收渔翁之利取代了英国的霸主地位。1919 年的巴黎和会上，美国充分发挥了超级大国的领导作用，坚持反对法语作为会议讨论和文件起草的唯一法定语言，从此英语成为与法语并驾齐驱的国际性语言，使法语丧失了唯一国际性语言的地位。

美国全方位霸权地位的形成是在第二次世界大战以后。二战彻底改变了世界的权利分配蓝图：它摧毁了军事力量迅速增长的德国和日本，进一步削弱了原来国家实力相对强大的世界级大国英国和法国，使美国的军事实力超过了包括苏联在内的所有国家。美国凭借其强大的政治、经济、军事、科技的综合实力，登上了战后国际体系中权力的巅峰，成为历史上第二个全球性霸权国家。美国为了实现其霸权意志，通过一系列国际性会议协议和组织建立起以美国为首的安全和经济两大体系，这些国际性会议协议的签订与实施和组织的建立，既稳固了美国在国际体系中的霸权地位，又奠定了在二战后形成的冷战中以美国为首的西方阵营的基础，而以美国和苏联为首的东西方两大政治、军事阵营的冷战是构成二战后国际关系的主体特征。而美国英语也伴随美国在二战后建立起来的国际安全与经济体系，确立了其国际体系语言霸权的地位。

其次，美国“文化渗透”战略的实施主要借助美国大众传媒与大众文化的影响，使得美国文化以庞大的规模向外传播，它不光传播到欧洲和日本，而且传播到社会主义国家和许多第三世界国家，对以美国为首的西方阵营最终以胜利结束冷战功不可灭。按照约瑟夫·奈的软实力理论，美国的“文化渗透”战略是美国冷战期间软权力的重要表现，其具体包括美国的大众传媒与文化传播和美国官方“文化战略”的制定与实施。

另外，大量新兴的信息产业及其相关服务业的出现以及美国传媒集团的全球扩张，又使人民对语言的依赖程度得到前所未有的增强。信息技术推动下的全球化使英语完成全球再扩张的旅程，并且与英帝国时期的全球扩张相比，由于传播方式的改变，这一次英语在全球的扩张更快、更有效、更深入、更易于人接受。因为信息产业驱动下的科学和技术研究成果、职工的教育、精密的软件、巧妙的经营管理、先进的电讯、电子化的财物等等都更多地需要通过语言来实现，这使得新型经济的发展越来越与语言行为相关联。例如，世界各地的人可以不受时间、地域限制，随时观看他们喜欢的好莱坞大片电影，收听 VOA 广播，收看 CNN24 小时的滚动新闻报导，在网络上浏览《纽约时报》的新闻、信息，欣赏英国的摇滚音乐或 NBA 的篮球比赛，还可以同时使用互联网收发邮件，和世界任何国家的人使用英语进行网上聊天，还可使用英语进行网上购物。由于目前媒体已经实现了从单方面传递信息向交互式媒体的转变，人们在通过媒体接受英语的同时，通过英语接受其所承载的美国文化成分越多，并潜移默化地受到隐藏在该语言背后的价值观念和思维方式的影响。可见，文化与信息产业的结合，使以美国为首的西方文化渗透到全世界，是英语对全球影响向纵深方向发展的重要方面。不得不承认，信息产业革命加速了美国的“文化渗透”战略向全球扩张的侵略行为。

纵观英语千年的传播进程，英语崛起大体经历了四次历史性飞跃。第一是 14 世纪，英国从依附法国逐步走向摆脱诺曼人的控制，成为独立的统一的民族国家，从此英语的地位在英伦三岛重新得到确立；第二是 1588 年英国打败西班牙的无敌舰队，一举夺取海上霸主地位，在欧洲大陆站稳脚跟，并且开始把手伸向全世界，到 17 世纪初，英国在亚洲、非洲、北美、西印度群岛，先后建立了大量的殖民据点，上百万英国人移居世界各地，英语也随之输出到了美、加、澳、南非以及西印度洋群岛等地，导致英语在 19 世纪末成为世界上最大的殖民帝国语言；第三是在 1640－1660 年英国资产阶级革命的影响下，18 世纪末到 19 世纪初，资本主义发起了第一次工业革命，给英国社会的生产方式带来前所未有的巨大改革和技术创新，它的影响渗透到英国社会的各个方面，尤其是引发了对英语本体地位的进一步规划与推广；第四是两次世界大战后，旧的殖民体系被打破，原有的大英帝国的殖民地纷纷独立，一方面英语出于种种原因获得了新兴民族国家官方、半官方语言或重要通用语言地位，成为大英帝国殖民统治的重要遗产，另一方面美国因大发战争横财，异军突起，接过发展英语的接力棒，实现英语崛起的第四次历史性飞跃。

第二节　世界英语的分布

随着语言殖民，英语在全世界广泛传播和普及，英语的使用范围和使用人群不断扩大。这是英语国际化的关键。在今天，世界上以英语为母语的国家有十余个，包括美国、加拿大、英国、爱尔兰、澳大利亚、新西兰、南非和几个加勒比国家。全世界把英语作为第一语言的使用者有 3.5 亿人以上，把英语作为第二语言并经常使用的人约有 3.5 亿人，把英语作为外语且能流利使用的人约有 1 亿人。此外，还有 10 亿人在学英语，20 亿人每天接触英语，世界上 1/4～1/3 的人不同程度地懂得或会说英语。据预测，到 2050 年，世界一半人口的英语将达到熟练程度。英语在世界上 70 多个国家被列为官方语言或半官方语言，包括尼日利亚、加纳、印度和新加坡这些国家，总人口达 14 亿，并且这个数字还在增加(Crystal，1997)。

面对英语的世界性发展，国际语言学术界早在 20 世纪六七十年代就开始了研究。尽管国际学术界对英语作为世界性语言的描述说法不一，称呼不同，有的称英语为世界语言(world English)，有的称英语为国际语言(international language English)，还有的称英语为全球语言(global English)，但其实质大体相同。

作为公认的英语世界化理论的开拓者 Kachru 于 1966 年发表了《语境化理论》一文，对印度英语的研究进行了全面尝试。Kachru 始终认为英语在印度的民族化过程和印度英语变体的基本规律不是个别现象，它们可以而且应该用来同非母语型英语的其他变体进行比较，从而帮助我们认识英语在世界的变化。正是基于对印度英语的研究，他才在 70 年代提出了“World Englishes”的概念。Kachru 认为把握这个概念的关键是了解英语的各个变体的特殊性(WE-ness)，即知道这种语言是怎么习得的、怎么使用的、由谁和在哪里使用的，结果给英语带来了什么变化(颜治强，2002)。

的确如此，英语一旦在某一地区被采用，不论其目的是科学、技术、文学还是获得名望、地位或是现代化,它就会经受一个再生过程，部分是语言上的再生，部分是文化上的再生(孙骊，1989)。而这种再生过程就是英语的本土化(nativization)，这是英语的广泛使用不可避免地产生的现实。

为了反映英语传播的这个现象，Kachru 在 1985 年提出“三个同心圈理论”(three concentric circles of English) 的理论模式。其基本内容为英语的世界性传播可以用 3 个同心圈来图解，它们显示了它在跨文化、跨语言的环境中的传播形式、获得模式和功能模式。我们姑且把它称作内圈(the inner circle) 、外圈(the outer circle) 和扩张圈(the expanding circle) 。3 个同心圈是部分重叠的，反映了变动的世界中人口分布的复杂性。

(1) 内圈人口最少，英语主要通过殖民时期的移民方式固定下来，英语是当地的母语，获取方式是自然习得，用途是全方位的，主要包括美国、英国、爱尔兰、加拿大、澳洲。

(2) 外圈的人口比内圈多，英语在这里是第二语言，获取方式是学校教育。外圈国家由英语国家的前殖民地组成。经过长时间磨合，英语已经成为当地一种重要的语言，被固定下来(institutionalized) 了，成为民族英语变体。英语在这里的作用有以下三个特点：

1) 用于非传统的英语文化环境。

2) 在特定的功能领域由熟练程度不等的人在使用。

3) 形成了当地的英语文学样式。也就是外圈指在非本土语言环境下传播英语，并使之成为该国主要惯用语的早期阶段，并在多语环境下扮演重要的第二语言角色，包括印度、新加坡、菲律宾、尼日利亚等 50 余个国家。

(3) 扩张圈人口最多，英语在这里是外语，功能是在科技、教育、工业、贸易、外交等领域起辅助语言的作用，获取方式是靠长期的学校教育。英语在扩张圈同样具有显著的特征，可以看作是形成了一定的语用变体(performance varieties) 。虽然这些国家没有被内圈成员殖民统治的历史，或给予英语特殊的行政地位，但都认可英语扮演国际语言的重要性，包括了中国、俄罗斯、日本、韩国、希腊、波兰等他国家(见图 3-1)。

不过 Kachru 提出的 3 个同心圈并不是静止不变的，而是不断发展变化的。“随着政治经济情况的变化，人口流动性增强，现在内圈国家有少数以英语为第二语言的人，外圈国家有以其为母语的人，延伸圈国家有以其为第二语言的人。另外，受政治和政策影响，外圈国家可能成为延伸圈国家，延伸圈国家也可能成为外圈国家”(颜治强，2002 年) 。如此看来，EFL 使用者通过频繁地接触和使用英语也可以成为 ESL 使用者;ESL 使用者也可以成为 ENL 使用者。

Yano(2001) 也认为 Kachru 的 3 个“同心圈”将来有必要做一定的修改和调整。建议把“内圈”英语解释为“总体英语”(genetic ESL) ，外圈英语解释为“功能英语”(functi onal ESL) 把英语社会的方言分为上层方言和下层方言，上层方言是标准英语，作为国际交流和国内正式公共场合谈话的语言；下层方言是通用口语，作为国内非正式场合交流的语言。而 Marko

Modiano 则完全打破了历史和地理关系，提出“国际英语的向心圈”假设，根据个体的英语实际水平描述英语使用者。

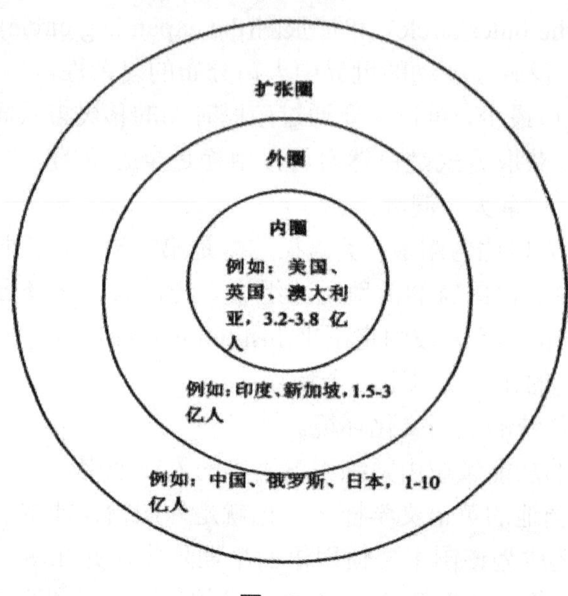

图 3-1

不管英语在世界的分布按什么标准划定，世界经济的全球化对英语的使用和发展无时无刻不在产生深刻、巨大的影响，Kachru 有关英语“同心圈”的划分也许会随着时间的推移会变得越来越模糊，届时英语在世界上的分布也必将重新洗牌。

第三节 英语的传播模式

Quirk(1988) 对于语言传播模式进行过深入的研究，他认为语言传播模式主要包括人口模式(demographic model) 、帝国模式(imperial model) 和经济文化(econo-cultural model) 模式。人口模式指一种语言是通过人口迁移而进行传播的；帝国模式指一种语言是通过对殖民地国家人民的政治统治而进行传播的；经济文化模式指一种语言是通过思想而进行传播的。Quirk 的语言传播模式是一个普遍性模式，因此，可应用于任何一种语言的传播模式研究。鉴于前面章节谈及英语传播的历史进程，1815－1914 年期间，英帝国大力扩张，急剧膨胀，那么这一百年的殖民史恰好验证了 Quirk 提出的三重意义上的语言扩张模式。

首先是人口扩张。英国人的移民史是伴随着英国殖民地的扩张开始的。1610 年，英属北美殖民地有欧洲白人移民 210 人。这一数字在其后的几十年中迅速攀升：1620 年 2 499 人，1 630 年 5 700 人，1640 年 17 945 人，1650 年 51 700 人，1670 年 114 500 人，1680 年高达 155 600 人，其中 90%来自英格兰(唐晋，2007)。在 1815 年后，英国严重的失业问题和人口的不断膨胀导致英国政府再度鼓励移民政策，引发大规模的移民浪潮，在这 1 百年里，共有 2 260 万人离开英国迁徙他处。 其中 19 世纪 20 年代，移民人数为 25 万人，在 30 年代达到 50 万人。例如在 1820－1821 年间，英国为了保卫已占领的南非领地，曾派 5 000 名英国人到南非拓居戍边，并且尽力使南非英国化，还把南非的官方语由荷兰语变为英语；在澳大利亚，受到肥沃牧场的吸引，大批英国移民开始迁移，至 1828 年，澳大利亚约有 1.5 万罪犯和 2.1 万自由移民，而到了 1841 年则有 2.7 万罪犯和 10 万多自由移民。到 19 世纪中期英国的海外移民已增至 150 万，在滑铁卢大战的 65 年之后，迁出不列颠的多达 800 万人，至少有 100 万爱尔兰人迁到美国等地(丘吉尔，2004)。可见，从英国建立第一块殖民地起，就不断的有英国人远离故土，通过人口迁移的方式移居到海外殖民地，他们有的是获刑的罪犯，有的是为了摆脱政治和宗教迫害，有的是为了在海外大发横财，有的是为了纯粹的拓居戍边。英国成了近代以来最大的人口输出国，大批的移民不但将英国的文化和宗教带到了世界各地，更是将英语撒遍了世界各个角落，得到广泛的传播。

其次是帝国扩张。回首两千多年前，希腊语成为国际语言，不是依靠柏拉图和亚里士多德的才智，而是依赖亚历山大统率的军队的剑与矛；拉丁语在罗马帝国统治的整个版图内成为国际语言，主要取决于罗马帝国军团的威力；阿拉伯语在北非和中东成为人们广泛使用的国际语言，是伴随着 8 世纪以来摩尔人军队的征伐，伊斯兰教的教义在这些地区得到传播的结果；西班牙语、葡萄牙语和法语也曾作为国际语言盛行于美洲、非洲或远东，这也是由于文艺复兴时期西班牙、葡萄牙和法国的国王或王后们通过其陆军和海军强力推行殖民政策的结果 (Crystal，2003) 。因此军事殖民扩张是语言输出的一种最直接也是最有效的方式。

英语在这一过程的传播大体分为两个阶段。英语的最初扩张成为日不落语言首先要归功于英国通过 300 年的海外帝国扩张成为“日不落帝国”，从而问鼎世界。对于大英帝国，这个面积仅占世界面积二百分之一左右的国家，殖民主义时期对海外领地的疯狂掠夺、侵占和殖民，19 世纪最后 20 年急剧加速，到一战前夕，英帝国面积已达 3380 万平方千米，相当于 150 个英国本土，成为拥有世界三分之一的领土以上的国家，在任何一个大洲上我们都可以找到以英语为官方语言的国家，在世界 24 个时区中的任何一个时区上，都可以找到说英语的人，英国无愧于“日不落帝国”这一称号，英语也无愧于目前世界通用语的地位。可见，帝国扩张对英语在国际上的传播起到了不可估量的作用，英语随着英国这个殖民帝国的不断强大。

英语第二阶段的帝国扩张主要依靠美国这个传播主体。19 世纪末，随着美国经济发展极为迅速成为世界上首屈一指的经济大国，它的帝国扩张之路便开始了。美国首先向西班牙挑战，通过在美西战争取得胜利后迫使西班牙签订了《巴黎和约》侵占了菲律宾、波多黎各、等西班牙的殖民地。然后通过策划巴拿马脱离哥伦比亚独立，从中夺得运河开挖权并“永久租借该运河区”(唐晋，2007)，继而获得巨大的经济和军事利益。此外，美国还对尼加拉瓜、哥斯达黎加、海地等国实行经济上的控制，对华实行门户开放政策，抢占中国市场。20 世纪初，美国充分利用二次世界大战的机会，无视给全人类带来灾难的战争，攫取了巨大的政治、经济尤其是军事利益，继而取代英国成为世界霸主。1969 年阿波罗登月计划的成功，折射了美国帝国扩张已到达鼎峰。此时，无论在经济、政治还是军事上，已无人能与之匹敌，在国际上更是占有举足轻重的地位。随着美国在冷战期间对苏联采取的一系列利用政治、经济方面的制裁和军事行动给苏联以全方位的打击的计划的实施，世界的两极格局被打破，苏联最后以解体而告终，美国成为世界唯一超级大国。因此，旧的殖民体系被打破后，正是美国的帝国扩张挽救了英语的国际地位，逐渐带领英语成为世界唯一优势语言，从而确定了英语在国际教育、科技、经济、政治上的主导地位。

第三是经济文化扩张。如果说英语在 20 世纪前的推广和普及主要得益于大英帝国的贸易、民族同化、移民和殖民等政策的话，20 世纪至今英语帝国的形成主要归功于以美国为主的英语国家在军事和经济方面的实力，以及在科学技术、电影、电视等领域的强势地位。帝国军事实力已谈及，而美国等其他英语国家经济文化的的诞生及崛起无疑又给英语的全球扩展注入了新的活力。20 世纪初，美国已经成为世界重要的文化产品输出国，通过不同的媒介，例如饮食文化、音乐、影视、互联网等等，以轻松的文化方式把英语传遍世界各个角落。对于饮食文化，虽然美国这个由移民形成的国家历史较短，并没有形成像中国或法国那样历史悠久的饮食文化，但却形成了著名的快餐文化，如肯德基、麦当劳、必胜客。这些快餐文化不仅在本国深受人民的喜爱和依赖，更是发展成为国际性的连锁机构，把美国人的饮食推广到世界各地。人们不但见识到了美国的快餐，更增添了对美国及其语言的兴趣。在美国的音乐史上，最著名的莫过于爵士乐和摇滚乐，这些音乐随着广播、唱片、磁带和 CD 光盘的出现传遍了世界各地，使非英语的国家见识到了英语的魅力，领悟到音乐的时尚。美国的影视文化更是担当起英语传播的大使。从爱情片《乱世佳人》到《泰坦尼克号》，从奥斯卡金像奖到好莱坞，从《米老鼠和唐老鸭》到《狮子王》，从从迪斯尼世界到迪斯尼王国，美国的电视剧、电影、动画片如雨后春笋般出现在世界各国人民面前，它们不但带来了美国不一样的艺术文化，还带来了美国的语言。现在甚至在中国出现的许多儿童英语的学习资料都是以迪斯尼动画为基础改编的，许多成人英语像《疯狂英语》采用了大量美国电影的原版配音和 CNN 的新闻。因此，美国世界领先的科学技术及其传播科学技术的语言工具把英语推向了史无前例的地位，作为英美国家的精神堡垒——英语，它获取国际语言地位遂成为顺理成章之事。

然而 Quirk 提出的语言传播的三种模式并非相互孤立，它是一种等级分层的模式。Sandra Mollin(2006) 曾将 Quirk 人口模式、帝国模式和经济文化模式分为四个阶段进行分析，他认为每个模式只在某一个特殊的时间段内起主导作用，只有经济文化模式适用于所有国家地区，见表 3-1。

表 3-1 英语传播的四个阶段

	英语传播的主导模式	英语传播的领域	时间段
阶段 1	帝国扩张	爱尔兰、苏格兰、威尔士	11～19 世纪
阶段 2	人口扩张	北美、澳大利亚、新西兰、南非	17～19 世纪
阶段 3	帝国扩张	南亚、东南亚、西非、东非、加勒比、太平洋	16～20 世纪
阶段 4	经济文化扩张	世界上的所有地区	20～21 世纪

这也许让人联想到 Kachru 的“三个同心圈”理论。其实通过比较很容易发现，图表列出的阶段 1 和阶段 2 实际上就是内圈所包含的国家，阶段 3 所指是外圈，阶段 4 所包含的国家与扩张圈相同。的确，前两个阶段中，英语是国家的传统根基，主要通过殖民时期的人口移民方式(帝国扩张引发的直接后果) 固定下来；第三阶段中的国家由英语国家的前殖民地组成，经过长时间磨合，英语已经成为当地一种重要的语言，被固定下来了，享有

官方或半官方的语言地位；第四阶段中国家涵盖最多，英语在这里是外语，主要通过经济文化的扩张，英语在科技、教育、工业、贸易、外交等领域起辅助语言的作用，享有重要的国际语言地位。

由此可见，语言的传播模式并非是树型图，而是等级递阶的模式，它贯穿于国家的语言史，随着国家和民族的国际影响和作用的变化而改变。简单来说，一个国家经济地位的升降直接影响其语言地位。从其历史地位和发展现状来看，英语作为一种国际语言，目前而且今后相当长的时间内还将继续发挥重要作用，但在新时代条件下世界格局在不断变化，英语传播也必然出现局限性，因此英语最有效的传播模式还要取决于世界历史发展中的各种错综复杂的因素，从语言规划的视角不断寻求一个与时代发展要求相适应的英语传播模式。

第四章 殖民期英语在亚洲的传播

世界殖民史的开端始于 1415 年葡萄牙人占领北非摩洛哥的休达地区，而亚洲的殖民史则稍晚 100 年，16 世纪初葡萄牙人攻占马六甲王国时，亚洲才开始殖民地化的历史进程，这主要是地理原因造成的。本章主要以殖民时期英国和美国的殖民活动为主线，探讨不同的殖民时期英语在亚洲的传播历程。

第一节 殖民时期英语传播的主客体

在传播学的 5W 模式中，Who(谁) 和 Whom(受众) 是传播过程中五个基本要素的两个。传播者是传播活动的主动发起者，控制传播媒介，把握传播活动的节奏，掌握传播过程的话语权；受众则是接受传播内容的一方。回归到英语传播，二者指英语传播活动的推广主体和客体，它并非是天然形成的，而是关系的产物，是传收双方(殖民与被殖民) 在传播过程中依据特定的规则形成的，用语言调节假设解释最恰当不过，这种人为的干预充分体现了殖民与被殖民双方的力量差，蕴含着某种权力因素。

殖民时期，英语传播的主体首先是殖民政府，作为国家权力的执行机构，殖民政府具有特殊的地位，在语言传播中，它始终是主导性的传播者，即所谓的“强势主体”。在不同的殖民时期，殖民政府作为语言传播主体的地位无人能够企及，人为地推动英语的传播。其次是企业或团体，他们受经济利益的驱动往往也干预英语的传播。再次，由个人构成的社会组织，虽然推动英语传播的力量略显薄弱，在英语传播过程也至关重要。英语传播传播的客体一般指殖民地人民，而且需要指出的是，英语传播的客体在一定情况下起到主动传播语言的作用。

在亚洲殖民史中，英(美) 殖民政府始终对英语传播有主导性的推动作用，但在殖民时期的不同阶段，不同的社会组织或企业以及殖民地民众对英语扩张也起到了推波助澜的作用。

一、早期殖民时期

殖民主义在亚洲的早期活动阶段(16～18 世纪) 属于商业殖民主义时期，英国殖民活动主要在东南亚国家沿海地区，英殖民政府本来有对印度的教育进行渗透和改造的打算，但堂而皇之地推广英语担心遭到印度当地人的强烈抵触，所以这一时期英属东印度公司和西方传教士组织在英语传播的过程中起到关键性的作用，不过当时英语在印度得到使用，仅被看作是地道的外语。

(一) 英属东印度公司

1600 年成立的英国东印度公司，虽然规模比荷兰东印度公司小，但东印度公司充当了英国殖民政府在幕后推广英语的先锋。东印度公司最初先通过官方制定了教育“中立”政策，似乎没有直接干预印度教育的动机。其中原因有三方面：

第一，公司根本利益放在贸易和经济掠夺；

第二，英国刚刚征服印度的部分地区，依然面对着强大的政治，军事对手，他们并无额外的财力和精力开办教育机构；

第三，近代西方的教育制度与宗教及种姓制度是相悖的，极力传播英语有可能会导致印度教徒和伊斯兰教徒(传播客体) 的反对，甚至会导致印度教与穆斯林的联合。

官方对东印度公司虽然持“不干涉态度”，但东印度公司的一些英国官员对发展印度教育尤其是高等教育有着浓厚的兴趣，他们通过个人的努力在印度兴办了一批学校，其中既有以英语为教学用语的西方式学校，也有以印度语为主的东方式学校。直到 19 世纪初，虽然英殖民政府表面上仍极力主张发展印度传统教育，但东印度公司已经在无形中把一个西方的语言和教育模式强加于印度，这在客观上对印度近代教育的觉醒和发展起到了一定的催化作用。尽管这种做法并不意味着殖民主义者真正关心印度人的教育，但却为英语一步步成为印度的官方语言埋下伏笔。

(二) 西方传教士

西方传教士组织是早期英语在亚洲传播的另一股极为重要的力量。西方传教士们虽然以传播基督教教义为宗旨，但更多的印度人都是通过西方基督教传教士的活动而熟悉英语进而接受西方教育的。西方传教士是涌入印度的西方人中的一个主要组成部分。他们在宣扬基督教教义的过程中，不得不创办一些学校，当然大多数为初级学校。授课内容主要是基督教教义，但也教一些简单的读写算知识，授课语言一般用学生的母语。此外，传教士们还用地方语言印刷一些重要的著作，将圣经译成地方语言并予以出版，编纂词典等。因此，西方传教士是英语在亚洲开始传播的另一个重要的推广主体，在传教士在异教徒中的积极传播基督教的同时，教会英语学校得到发展，英语和西方文化更是得到广泛传播，这不仅成为破坏殖民地(传播客体) 当地文化和建立新文化的一支异军，同时也为英语在印度的传播进而上升为官方语言奠定了基础。

二、工业资本主义时期

亚洲殖民主义发展史的第二阶段(19 世纪初至 19 世纪 70 年代) 属于工业资本主义时期。以 1811－1816 年英国统治爪哇、1819 年英国占领新加坡、1824 年第一次英缅战争爆发和 1826 年海峡殖民地建立等历史事件为标志，英国对亚洲的殖民史揭开了新的一页。与前一个时期不同，英国政府开始对英属殖民地普遍实行种族隔离的教育政策，使英语渐渐成为文化和经济上步入殖民地主流社会的正式渠道。从语言传播的主体看，殖民政府取代贸易垄断公司的位置，成为殖民侵略和扩张的直接组织者。

(一) 英殖民政府

19 世纪以前，英国殖民政府的注意力主要集中在对印度的武装入侵和经济掠夺上，对印度思想领域和社会生活的影响还比较小。而进入 19 世纪后，英国殖民政府改变了原来的态度，在进行武力征服的同时，也开始加紧对印度的精神和文化侵略。英国政府强力推行殖民主义政策，对所属殖民地规定均用英语为官方语言，其他语言则成为非官方语言。

毋庸置疑，英国殖民政府的目的就是在政治、经济、文化、社会意识形态等方面对殖民地人民进行同化，使英语强制变成该国的主要语言。不过就殖民地国家来说，接受外来语言作为官方语言的过程是复杂和微妙的。单单依靠殖民当局的力量远远不能使英语深入殖民地，英语的国际化是殖民者(传播主体) 与被殖民者(传播客体) 共同作用的结果。所以英语在亚洲的传播一定另有一些来自其他群体如当地精英分子的推动力量，只是不同殖民地国家的社会矛盾、种族冲突、意识形态等因素不一，英语传播的主体也很难穷尽。

(二) 自由主义思潮

受欧洲自由主义思潮(19 世纪 20 年代) 的影响，一部分主张自由主义和实用主义的倡导者成为了英语传播的另外一股推动力量。以印度为例。他们认为印度社会发展停滞，道德堕落，要改变这种现实，必须要输入欧洲的思想、观念和做法。

代表人物麦考利曾扬言要培养“既具有印度血统和肤色，又具有英国式旨趣、看法、道德及智能的阶层”。在针对英属印度的学校应该使用什么语言教学这一问题，他认为“与梵语或者阿拉伯语相比，英语更值得印度人去学……完全有可能通过教育使土著印度人成为英语通……培养一个新的阶级……净化这个国家的方言土语，用从西方借来的术语改造它们，使之成为向大众传播知识的工具(Misra，1961)。”实用主义者代表詹姆斯·密尔在《英属印度史》中极力的诋毁印度的文化、语言和文学，认为只有在道德上优越的英殖民国才能引导印度人摆脱无知、愚昧、迷信和落后，塑造印度文明。他认为教育的目的应该是教授有用的知识，而不是那些“晦涩的和没有价值的知识”(Misra，1961)。

虽然这样的思想在当今看来未必完全正确，但是这些倡导者的言论却使得殖民地人(传播客体) 的思想被植入这样的观念：只有掌握英语才能在政府中谋取职位；只有通晓英语才能在南亚大陆中畅行无阻，才能从事经济和贸易活动；只有通晓英语才能获得实用的科学知识。这顺理成章使种族隔离的教育政策普遍贯彻，英语开始在印度乃至亚洲全面推行。

三、垄断资本主义时期

亚洲殖民主义史发展的最后阶段(19 世纪末至 20 世纪 40 年代) 是垄断资本主义时期。在这一时期，欧洲老殖民帝国在亚洲地区的势力开始逐步弱化，日、美两国咄咄逼人并展开了重新瓜分殖民地和势力范围的斗争，二次世界大战就是帝国主义大国之间争夺殖民地与势力范围的一场大厮杀。进入 20 世纪，西方殖民国家已基本上将整个亚洲地区瓜分完毕。英国和美国政府成为这一时期殖民地共同推广英语的主体。

（一）英国

作为一战战胜国的英国付出了惨重的代价。国际局势正值亚洲觉醒的一个关键时期，殖民地民族主义和社会主义思潮高涨。面临内外交困的局面，英国政府对殖民地的教育及语言政策也不再采用明目张胆的殖民政策，而是借助商业及教育等手段对英语进行推广；到第二次世界大战后，旧的殖民体系彻底被打破，英国改以“文化交流”“援助”等更为温和、间接和隐蔽的方式来推广英语。1934 年成立的英国文化委员会，实际上就是英国政府给予支持的一个语言推广机构。可以说，英国文化委员会的成立，标志着英国语言的推广进入了一个崭新的阶段，即正式由政府支持，使英国的语言推广形成了系统化、标准化的模式。

（二）美国

相比之下，美国早在 1910 年就成立卡内基国际和平基金会(Carnegie Endowment for International Peace) 开始为国外的学术交流提供资金，其中包括英语教学。美国在亚洲的殖民地是菲律宾。美国占领菲律宾引进了全套美国政治、法律和社会经济、文化体制，旨在将菲律宾美国化。美国殖民政府通过训练一批当地精英，在确保美国在菲的势力地位前提下，逐步通过“美化”让亲美的菲律宾自治，最终取得独立，由此实现新殖民主义。可见，语言传播在“美化”的过程中，占据着极其重要的地位。

语言传播是人类活动的表征，它随着人类的产生而产生，是构成人类社会活动的一种特有现象；但语言传播这一人类活动的存在有一个前提，那就是社会各个不同层面的个体之间必须存在差异，没有差异，就无所谓语言传播。无论语言传播的目的是影响、劝服、共享、反映或互动，在传播主体和客体间必然存在不一致之处。假若传播主体和客体之间几近或完全相同，语言传播即失去存在的价值和意义。

就殖民时期英语在亚洲传播而言，英语传播主体涵盖国家、组织和个人三个不同的层次。组织和国家在英语传播中，英美政府是最终的语言传播主体，但语言的殖民活动具体通过各种语言推广机构来实施，而机构或组织又是通过人来最终完成殖民传播，甚至借助传播客体来实现。从表面上看，英语传播活动的具体实施主体是组织和人，但是语言传播中组织和个人背后的真正传播主体其实是国家，它是所有殖民传播活动的发起者、殖民传播计划的制定者，国家的意志始终体现在语言传播的全过程。可见，英语的传播活动并不受传播客体的本能所驱使，而是在英国或美国政府等推广主体意识的支配下，表现为一种有目的的、有动机的和有对象的语言传播，带有明显的或隐蔽的目的性和计划性，最终目的是实现英美等资本主义强国对弱势国家的空间侵占。当然，在亚洲殖民的不同时期，英语传播的主体会以不同的表现形式，有不同的偏向性，但英语传播活动从来不是无的放矢，其目的都表现出或显性或隐蔽性的殖民特征。

第二节　殖民时期英语传播的空间

传播空间是在语言传播过程中形成的，为语言传播活动提供了外在的环境。它不是自然状态的客观空间，而是一个有秩序的社会空间。在这样一个语言传播的空间里，语言传播要求所有参与者共同遵循一定的规则，它制约了语言传播的时间(when)、地点(where)、内容(what) 方式(how) 和效果(with what effect) 。可以说，语言传播的空间是以传播主体的人为建构为前提，以语言传播主体和客体之间的力量差为基础，而语言传播主体又借助力量差制定特定的传播空间并在一定程度上约束语言传播活动。

鉴于研究殖民时期英语传播的变迁难度很大，为了更好地展开研究，以便将厚重的语言政策规划历程呈现出来，必须借助语言调节假设将语言传播简化与抽象。本章节从英语地位等级维度出发，将亚洲分为英语为官方语言、第二语言和外语的国家或地区，分别结合殖民时期殖民政府语言规划的文本，对不同类型的国家或地区英语传播策略调整进行系统评价，进而梳理英语在亚洲传播的发展规律以及动态特征。

一、以英语为官方语言的亚洲国家为例

在亚洲，印度、巴基斯坦、菲律宾和新加坡是四个较为特别的国家。说其特别是因为它们较早地实行了仿效西方的民主制度，独立建国后仍将英语作为官方语言，走了与其他许多亚洲国家不尽相同的发展道路。笔者认为这四国实行西方式民主制度并不是一种历史的偶然，而是有其必然性。本章主要立足殖民时期，英语殖民化过程虽说是内外因综合作用的结果，但在这方面四国有着许多共性。

（一）社会背景

印度和巴基斯坦，新加坡和菲律宾分别位于南亚和东南亚，是世界上典型的多民族多宗教国家。在宗教和民族有着密切联系的多元民族和多元宗教的国家，民族问题和宗教问题如果处理不好极易造成民族、宗教冲突，最终导致社会动荡和国家分裂。英美殖民者正是利用语言传播客体多元的社会特征，对多民族地区采取“分而治之”的政策和文化侵略手段，巧借各种势力之间的矛盾加剧殖民统治，把英语作为超种族语言借势得以广泛推广。

1．印度/巴基斯坦

印度拥有百余多个民族，众多语言种类被称作语言博物馆。巴基斯坦原本属于印度，是宗教信仰的差异于 1947 年从印度分出去的。印度长期处于穆斯林和印度教徒的对立，种姓与种姓的对立，仅有过三次短暂的统一，“印度统一与分裂的时间比不到 3∶7”(尚会鹏，1994)。正是印度政治混乱与分裂、经济停滞和精神麻木的状态为英国殖民主义者的军事征服提供了良好契机，英统治者充分施展其“分而治之”的政策(林承节，1995)，采取行政与社会分离的原则，用印度人的手征服印度，客观上实现了印度历史上空前的统一。所以，虽然独立后英国统治者人被赶走了，但西方语言却在印度扎下了根。

2．新加坡

新加坡在成为英国殖民地之前，只是马来半岛南端的一个小渔村。自从新加坡商埠开放，英国殖民政府实行移民垦殖政策，各地移民纷纷进入，新加坡逐渐一个成为多元种族、多元语言、多元宗教的移民社会。新加坡的四大种族，每个种族都有自己通用的语言，各主要语言之间的异质性很高，分属不同语系，语言结构差异很大，无法互相融合。英国殖民当局为了更加方便地管理和控制这种多元社会，对各民族基本上实行“分而治之”的政策(张志辉，2012)，尽量维持以马华为代表的两族的隔离状态，这比日本统治时期对马华两族在经济上干涉、分化并挑拨两民族潜在的紧张关系使其公开化的策略要高明得多。因此，英当局的殖民政策为英语在殖民统治时期的传播提供了良好的社会空间。

3．菲律宾

菲律宾也是个多民族多宗教的国家，岛屿众多，各岛屿之间隔绝，交通不便，各地语言纷繁复杂，差别很大。西班牙人占领菲律宾之前，这个国家基本处于各部族权力割据的分裂状态，沟通和融合变得较困难。菲律宾虽然沦为西班牙殖民统治的时间最长，但西班牙在菲建立的是以总督为首的政教合一的带有封建专制色彩的殖民统治，导致西班牙语的推广仅限于上层社会。相比之下，美国的殖民统治虽短但影响最为深远，美国推行的“文化侵略”政策更具有“欺骗性”，相对“宽松”并带有某些“自由民主”的色彩(叶萍，2010)。因此对菲律宾人来说，美国人移植过来的西方民主制度，相对于封建专制式的统治就显得更易接受一些，这也正是菲律宾成为亚洲国家中以英语作为官方语言的少数国家之一的原因。

（二）地缘政治

地理政治的现实性对印度等四国的历史有多方面的影响，客观上它决定这四国社会性质的变化，更为殖民地语言英语的扎根提供了有秩序的地理空间。

1. 印度、巴基斯坦

印度、巴基斯坦政治统一的时期，在历史上是比较短暂的。海陆未开通前外族就经常入侵，15 世纪末印度又相继成为葡萄牙、荷兰、英国和法国殖民者竞相争夺的对象。这一方面由于印度占有比较重要的地理位置，是东西交通和文明交流的重要中间站，引起外族的觊觎；另一方面由于印度幅员广阔的地理环境，面积差不多等于除去苏联部分的整个欧洲，政治单位长期孤立分散。客观上讲，印度的地理条件加深了国家被殖民的程度。最终英国结束了战乱，建立一个统一的庞大的英印帝国，奠定了英语在印度的广泛传播。

2. 新加坡共和国

新加坡共和国原本是马来半岛南端的一个小渔村，但从地理位置看，新加坡处在航海和航空的战略要道，与中国、南亚和东南亚其他地方都有频繁的贸易往来。英国殖民者正是意识到新加坡优越的地理位置对英国贸易潜在的重要性，才迅速将其成为海峡殖民地的首府、英国在远东的转口贸易商埠和在东南亚的主要军事基地。所以，战略性的地理位置决定新加坡必须采用一种能够与世界进行交流的语言，历史的因素决定了这种语言就是英语。

3. 菲律宾

菲律宾群岛处于偏离中印交通航线的位置，与外界的直接接触和联系较少(周益群，1989) 。从群岛自身经济条件来看，基本上是无利可图的，但为何成为西班牙和美国的殖民对象？西班牙人出于宗教的考虑，菲岛在联系中国与拉丁美洲的经济交往、在西班牙向东方拓殖的事业上有其得天独厚的条件。要建立以中国为基地的“东方天主教帝国”，必须占领中国，所以菲律宾成为到达中国最好的垫脚石。美国人则源于经济和政治考虑，一方面追求将当地变为原料产地、商品销售市场及投资场所的利益，另一方面企图将菲律宾变为美国向中国及远东扩张，进而称霸太平洋，控制世界的一个前哨阵地(贺叶华，1989) 。所以，菲律宾成为亚洲为数不多的“美国化”国家。

(三) 时间维度的殖民

印度等国之所以成为亚洲以英语作为官方语言的少数国家之一，与被殖民的程度也有很大关系。从历史角度来看，新加坡历史虽短，但英国人的统治时间却很长。新加坡人普遍认为他们的殖民历史起点从 1819 年 1 月 29 日史丹福•莱佛士登陆新加坡开始，直到 1965 年独立，长达 146 年的殖民统治使社会各领域深受影响，所以历史的沿革不可避免地影响到语言政策的制定。印度和菲律宾两国遭受的殖民统治时间也很长。1600 年英国入侵印度，建立东印度公司，1757 年印度开始沦为英殖民地，直到 1947 年印度和巴基斯坦宣布独立，总共经历了长达 190 年的殖民统治。菲律宾早在 1565 年被西班牙殖民，历经 300 多年的殖民统治，1899 年又被美国占领，直到 1946 年独立。虽然西班牙沦为美国殖民地的时间仅有半个世纪，但美国的文化侵略却很成功，英语在菲律宾的渗透在 20 世纪 50 年代达到鼎盛时期(叶萍，2010) 。

(四) 空间维度的殖民

1. 印度、巴基斯坦

英国对印度近 200 年的殖民统治，曾深刻影响和改变了南亚次大陆政治、经济、文化及社会生活的各个方面。而作为殖民主义遗产之一的英语之所以在印度独立后列为官方通用语言，这与英国对印度殖民时期的语言政策有着深刻的历史渊源。

在殖民初期(1757－1812)，英国政府主要采取“分而治之”的殖民政策，表面上宣称对印度原有的教育制度既不干涉也不支持(张立芳，2009)。虽然传教士传播基督教，宗教的目的性强，东印度公司官员出于经济和政治目的，拉拢印度上层阶级以巩固自己的统治，但实际上充当者英殖民政府幕后推广英语的两股力量，开办了大批学校，对印度地方语言的发展进行无形地调节，当然另一方面确实也让印度人对英语有了初步的了解。

在殖民后期(19 世纪后)，英国殖民政府加紧干预英语在印度的发展，开始对印度的精神和文化侵略，试图以英国教育制度为蓝本去同化印度教育，从而将英语渗透到印度的各个方面。从 1813 年《特许状法》，到 1835 年的教育政策倾斜，再到 1835 年之后的后续条款设定，印度的西方教育在英国政府财政支持和雇佣政策的庇护下势头猛增。但由于 1813 年《特许状法》并没有明确表示推行何种性质的教育，英国殖民者的上层进行长达三十年关于东西方教育的激烈争论，虽然二者在本质上并无任何争议，都是从维护英国在印度的统治利益出发。直到 1835 年本克廷决议才结束这场东、西学派之争。本廷克总督提倡以英语为媒介、具有功利主义性质的西方教育和文化，废除以梵语、阿拉伯语和波斯语为媒介、缺少实用价值的东方教育和文化。(Das，2003) 殖民地印度教育西方化的真正形成，始于 1854 年《伍德教育急件》。它进一步明确规定英语作为最有效的教学语言主要用于高等教育，这使得英语在印度的地位再次得到巩固，为殖民地印度教育的西方化奠定了基础。

印度自治时期，这种教育模式一直贯穿始终，很大程度上还影响着独立以后印度官方语言的确立，对英语在印度的传播起到促进作用，但是《伍德教育急件》也存在很多问题。它虽然重视英语的推广，但是由于过分强调教育的西方化，忽视了印度本土教育的发展，这是英国政府实施显性语言传播政策所导致的教育上的问题，同时这种教育模式一直持续到印度独立建国，传播政策固有的语言问题、语言矛盾升级还诱发了一系列的社会、政治等意识形态问题。

2. 新加坡

新加坡于 1965 年脱离马来西亚独立，殖民地语言英语却和其他三种民族语言(马来语、华语和泰米尔语) 同被规定为官方语言，而且一直作为顶层语言被使用。这种现象的产生不仅涉及新加坡的政治与历史，和语言生态、语言政策导向等各方面息息相关。

在殖民初期(二战前)，与印度一样，英殖民政府也采用“分而治之”的政策干预新加坡当地语言，将新加坡不同的种族分隔而居，为殖民者自身的利益服务。为了培养熟练使用英语和其他语言的中间人士，便于统治者与各个族群之间的沟通，英殖民政府还兴办和资助一些英语和教会学校，为殖民地经济、政治发展提供最低限度的人力资源服务(陈文，1995) 。对于其他民族以自己民族语言为教学媒介语的“方言学校”，英政府则基本上采取“放任自流”的态度，但在官方领域受华文教育和其他语文教育者没有任何地位。早期殖民时期的语言层级结构相对比较稳定，殖民政府强力维护英语的顶层语言地位，其他族群的语言无论出于什么样的原因，都不能撼动这种地位，这是一种统治与被统治的关系。但是，这种隔离政策存在很多隐患。其一，将各民族隔离教学造成了各种族强烈的种族意识，加剧了种族冲突和种族关系的紧张局面，这非常不利于新加坡国家的统一、社会的稳定，乃至成为新加坡独立后相当长时期内都难以改变的局面。其二，“分而治之”政策下的各语言源流学校后来逐渐成为统治集团争夺本族利益的机构，乃至最终成为殖民政府当局进行政治纷争的势力组织，这使得新加坡教育政治化。面对这种情况，这也是新加坡独立建国后，不得不考虑使用“双语教育政策”来解决这些问题的主要原因。其三，英语独尊的语言政策下，导致不谙英语，难以在殖民地时期的主流社会向上发展的尴尬局面，致使很多毕业生丧失民族语言身份，成为安于英国殖民统治的“精英”，推崇西方语言和文化的中间力量。

殖民后期(二战后) ，新加坡的政治格局和社会意识形态都发生了改变，英政府为了保存殖民地政治和经济统治权，转而采取“合而治之”的殖民干预政策，不过其本质旨也在“同化”新加坡的民族教育，获取统治利益的最大化。英殖民地政府一面继承原来的不平等地对待方言的教育政策，压制华语教育；一面积极发展英文教育，仍然试图把新加坡教育纳入到英语教育体系中来。主要表现在两方面：一是招收新生时以少收学费等方式鼓励家长把子女送入英校就读；二是民族学校实施过渡型双语教育，但实际上这种双语教育是为发展英语单语教育服务的，是殖民地政府继续重视英文教育、歧视民族语文教育的具体表现，以达到以英文教育取代民族语文教育，推广奴化教育的目的，从而使新加坡人民忘掉本身的民族语言与文化，永久效忠殖民地政府。殖民地政府为了实现独尊英文教育的最终目的，曾经接二连三地制定了名目繁多的教育法令。例如1948年《十年教育计划》是最早提出实施双语教育的官方教育文件，1950 年当局推出《五年补充计划》和《学校注册条例》，1951 年的《马来文教育委员会报告书》(又称《巴恩报告书》）和《方吴报告书》，以及 1953 年政府发表的《华文学校——双语教育与增加津贴金》教育白皮书，均是以突出和扩大英语教育为目的，鼓励方言学校的学生转入英校，以“英化”教育同化民族语言教育，从而确保对殖民地的长期统治。然而这种苛刻的“同化”教育法令也暴露了英国殖民统治的哲学：要消灭一个国家，先要消灭其民族，要消灭其民族，先要消灭其文化，要消灭其文化，先要消灭其语文教育，要消灭其语文教育，就先要从消灭其学校做起。因此，“同化”的语言政策同样也遭到了非英语源流学校的抗议，尤其是华校反对最为激烈，许多华校在殖民地教育条例的严厉管制下被迫关闭，而且1954－1955年期间，华校生多次爆发学潮。

自治时期(1959－1965) 是新加坡历史上特殊的过渡时期，政府为了能平稳的过渡为拥有独立主权的国家，制定了多语政策，也有人称为双语政策。二者在本质上是同一概念的两个层面，强调各民族平等、和谐相处，为的是把当时分裂的民族意识凝聚成一个新的热爱新加坡的国家意识和民族意识，建立马来西亚民族，争取与马来西亚合并，“机会均等”和“双语教育”是政策制定的经济和政治层面的两大动因。政府教育计划具体原则包括：第一，接受立法议院 1955 年各党派华文教育报告书，平等对待各源流学校；第二，接受马来语为国语，鼓励非马来人学习马来语；第三，修正现有课程，注重实用科目，如数学和科学，以适应工业化社会和学习当地语言的需要(吴元华，2008)。

虽然英殖民地政府在二战前与二战后对待双语教育的两种不同态度，看起来似乎前后矛盾，实质上都是鼓励英语的传播，歧视民族教育。二战前，殖民政府允许四种语文源流学校并存，实际上是为了把不同民族和不同籍贯的人民分隔开来，导致英校不读华文，华校不读英文的现象。二战后，殖民地政府在华校实施双语教育，要求华校逐步增加以英语教授的科目和时间，为华校学生逐渐过渡为英校创造便利条件，事实上是为发展英语单语服务，是继续重视英文教育、歧视民族语文教育的具体表现。因此，殖民地政府的最终目的都是要英化新加坡的民族语言，进而从意识形态上长期奴役当地人民。

3. 菲律宾

菲律宾成为亚洲使用英语人口最多的国家并非一种历史的偶然。西班牙长达 300 多年的殖民统治采用分化的语言政策，试图把菲律宾当地语言拉丁字母化来传播天主教，并禁止、限制菲律宾人使用西班牙语，结果仅将天主教移植到菲律宾；美国取代西班牙占领菲律宾后采取殖民同化语言政策，通过新教传播而大力推广普及英语，所以殖民虽短却深远的文化入侵使菲律宾成为亚洲国家中以英语作为官方语言的少数国家之一。美国殖民时期菲律宾的语言政策经历了两个阶段：殖民时期的语言“同化”政策和自治政府时期的民族语言政策。

美国殖民统治时期，不再以战争与武力作为征服手段，而是以宗教传播作为殖民统治的开路先锋，并且和语言传播相辅相成，把美国英语和基督教新教强行移植到菲律宾。相比之下，西班牙传教士在菲律宾 333 年用当地语言宣教却减缓了西班牙语的传播速度，造成西班牙语在菲律宾的传播缺乏广度与深度。由此可见，美国的“文化侵略”更具有“欺骗性”。这一时期，美国的殖民政府、新教传教士和美国英语教师在推广普及英语的过程中扮演了至关重要的角色。美国殖民政府认为要贯彻殖民统治，就必须在菲律宾灌输美国的语言文化、宗教信仰、意识形态和价值观以培养认同美国文化的菲律宾人。所以美国殖民政府大力推广语言“同化”政策。

1901 年美国殖民当局颁布 74 号教育法令，设立公共教育局，要求教会与学校分开，用英语教学和使用美国课本，制定了发展公立中小学教育的规划(王文良，1933)。保证在美国殖民统治期间，教育一切均美国化。为此，美国殖民政府一方面在菲律宾建立起公费留学美国制度，从 1903 年起不断地派出菲律宾优秀青年到美国留学。旨在通过文化教育方式达到使菲律宾人美国化的目的。另一方面在菲律宾兴办大批公立学校，从教材到教学人员，到公立学校校制度被大量引进，且规定菲律宾小学都不能使用菲律宾本国语言。1917 年菲律宾殖民政府在《公务员手册》中明确规定英语是在学校及公共场合中使用的唯一语言。1935 年美国殖民政府在菲律宾开办 7330 所公立学校(赛义德，1979) 。殖民同化语言政策的实施使宗主国语言美国英语成为菲律宾当时唯一的官方语言和殖民政府的行政、商业、社交用语，英语的绝对权势地位日益在殖民地菲律宾显示出来。长达近半个世纪的美统时期，英语在菲律宾的渗透全面而深入，结束了菲岛多语言、多方言却没有全国通用语的历史局面。这也是英语在菲律宾独立后仍长盛不衰而最终成为菲律宾独特的殖民遗产的根本原因。

菲律宾自治政府时期，语言政策的倾向发生了改变。自治政府总统奎松在菲律宾宪法第 14 条第 3 项中加上“国语条款”，强调“发展国语”，确定以菲律宾北部地区方言“他加禄语”为国语。1936 年总统颁布国语法，宣布他加禄语为菲律宾国语并成立国语研究所(Kirkpatrick，2010) 。1940 年，自治政府通过教育法令和第 58 号法令，对公立小学教育制度进行了修订，要求小学必须由学习英语转为学习菲律宾语(Daoust，2001) 。同年，他加禄语开始在菲律宾所有的学校中传授。由此可见，这一时期菲律宾自治政府为了稳定政局，平稳过渡全国大力推行民族语言政策，但菲律宾由于经受半个世纪的美式文化侵略，民众已逐渐依赖于英语这种浸透着美国式优势思想和政治经济利益的借入语言，从殖民统治时期的“被迫依附”转变为“主动依附”。殖民语言英语仍旧充当各级学校的教学媒介，菲自治政府允许小学教师使用原住民语言作为辅助教学用语(Bernardo，2010) 也只是暂缓本土语言边缘化，但为菲律宾独立后双语教育政策的制度起到导向作用。

二、以亚洲英语为第二语言的国家或地区为例

英语作为第二语言的亚洲国家或地区主要包括马来西亚、孟加拉、斯里兰卡和中国香港，这是国家或地区根据需要的最高程度确定的。笔者发现，英语作为官方语言的印度、巴基斯坦、菲律宾和新加坡四国和英语作为第二语言使用的马来西亚、孟加拉、斯里兰卡、中国香港，与 Kachru(1985)“三个同心圈理论”中的外圈国家或地区非常吻合。马来西亚、孟加拉、斯里兰卡和中国香港在恢复领土主权以后，英语之所以成为通用语与英语在殖民时期的传播程度有千丝万缕的关联。

（一）社会背景

与英语作为官方语言的国家一样，这四个国家或地区也具有多元文化的社会背景，都曾经沦为英国的殖民地，殖民主义统治所遗留下来的积怨和问题，是当今英语成为通用语言的历史根源。英国殖民主义者对这些国家或地区主要采取“分而治之”的政策，人为地对其领土进行分割，为这些国家或地区的民族危机埋下祸根，纷纷引发语言冲突，有的甚至导致国家的分裂，客观上为超民族语言英语创造了传播的空间。

1．马来西亚

英国在马来西亚建立殖民统治过程中(1786－1957) ，英国没有完全拆解马来西亚社会的传统政治结构，而是对其加以改造，推行“分而治之”的殖民政策，在移民民族与马来人之间挑拨离间，制造矛盾。在马来西亚疲于解决民族纷争之时，英国殖民者强迫性地向马来西亚各族人民灌输西方的各种语言和文化，让马来西亚一次又一次地被动经历着东西方文明的碰撞，殖民地语言英语开始在马来西亚扎根。

2．孟加拉

在孟加拉(殖民时期印度的一部分) 的民族矛盾中，英国殖民统治留下的隐患是造成民族矛盾和英语传播的一个重要原因。英国殖民主义统治下的分而治之的政策不仅挑起印度教徒和穆斯林的仇恨，使孟加拉地区繁荣的民族经济遭到致命的打击，而且也使孟加拉语处于被排斥的地位。殖民主义者在行政、商业、文化教育等领域大力推行英语，实行文化奴役政策。他们在长达 200 年的殖民主义统治中，在推行英语方面获得不小成绩，其表现是在大城市的较高的教育、行政和商业部门英语占据相当重要的地位，使英语和其他历史产物一样，在独立建国后有其深厚的基础和旺盛的生命力。

3．斯里兰卡

西方殖民主义入侵前，斯里兰卡呈现三国鼎立的局面，北部的泰米尔王国和南部两个僧伽罗王国。僧伽罗人和泰米尔人均不是斯里兰卡岛上的真正意义上的原著民，都是印度移民，是印度大陆各族移民向全岛由北向南四面包抄，或把当地土著居民驱赶到内地山地，或把其同化然后再把信仰相近的移民逐渐趋同演变为僧伽罗人和泰米尔人，形成全岛最大的两个民族主体，然后形成两大主体民族南北对峙并相互作用的格局(曹兴，2003) 。这种移民形式对统一的斯里兰卡国族的凝聚力的构建是有一定影响的，更何况岛上的泰米尔人一直保持着与印度南部的泰米尔人的民族联系。所以两族很少往来，即使是 16～17 世纪葡萄牙和荷兰殖民者统治期间也是如此。但 18 世纪英国占领全岛并建立中央集权统治之后采取“分而治之”的政策(艾米特，1993) ，使泰米尔人等少数民族在政治上、文化教育上得到比大民族僧伽罗人较优惠的待遇，大大加剧了该地区的民族隔阂、仇视和宗教冲突，为日后旷日持久的斯里兰卡语言冲突埋下了极大的隐患。因为语言问题牵涉到一个民族的每个成员，处理不好就会伤害一个民族的自尊心，就会激起一个民族全体人民的反对。所以殖民时期，面对民族冲突英语是斯里兰卡官方语言的最佳选择。

4. 中国香港

香港也是典型的语言多元化社会，粤语方言占主导地位，还有许多潮汕人、客家人、闽南人、江浙人和少量北方人。但从严格的意义上来看，香港与马来西亚、孟加拉和斯里兰卡不同，它并不属于殖民地范畴，因为一般意义上的殖民地是指因外国统治或管辖而丧失了主权的国家，而香港历来是中国领土的一部分。所以香港问题是由帝国主义强加给中国一系列不平等条约的结果。正因为如此，联合国大会才在 1972 年将香港从殖民地名单中删除。但尽管香港不属于国际法意义上的“殖民地”范畴，英国对香港实施的却是地地道道的殖民统治。英国殖民香港期间，基本上对英语采取独尊政策，对其他方言则是听之任之，对普通话更是疏远淡化，以免影响港人对英国政府的向心力。这种“分而治之”的殖民教育与英国在其他殖民地(如新加坡、马来西亚、印度等) 的统治如出一辙，从未系统地传授中国的历史和地理，而是更多地介绍英国的情况，讲述在英国实行殖民统治时期内香港的发展，使民族意识逐渐淡薄，整个香港社会充满着殖民主义的色彩。

(二) 地缘政治

英国对对亚洲的殖民扩张中，地缘政治是很重要的一个因素，这也客观上决定了亚洲国家或地区被英国殖民的次序和语言同化的程度。

英国想要占领整个亚洲，应该说首选是中国。中国地广物博富有，但由于中国非常统一强大，而且距离英国遥远，所以从战略角度讲，当时既富庶又以弱小民族聚居而著称的印度成为英国入侵亚洲的中心。最终英国采用务实的策略，选取距离英国最近，政治又处于分裂状态，而且富庶有油水可捞的印度打开殖民亚洲的大门。

鉴于此，英语作为第二语言的这四个亚洲国家或地区：孟加拉(殖民时期印度的一部分) 当然首先被英国划入殖民的版图；位于印度南面的邻国斯里兰卡也自然被圈入英国殖民和语言推广的辐射范围，另外斯里兰卡东海岸的亭可马里港是世界上最优良的天然港口之一，它的战略价值一直为殖民国家所看重，所以英国于 1796 年夺取海港亭可马里，1797 年占领斯里兰卡。随后，英国在东南亚又占据了马来西亚。英国在东南亚占领马来西亚(1963 年之后为马来西亚)，主要与新加坡的战略位置关系重大。18 世纪下半叶英国迫切需要在东南亚建立一个贸易中转站，而马来半岛南边的新加坡岛(马来西亚的一部分) 是最理想的贸易中心和海军基地。但由于英国占领新加坡后，对荷属马六甲构成了严重威胁，于是马来半岛成为英荷双方利益妥协之下的牺牲品。英荷于 1924 年 3 月签订《伦敦条约》重新划分势力范围：荷兰承认英国对新加坡的占领，英国承认由荷兰占领勿里洞岛；英国以明古连与荷兰交换马六甲；英国不再到苏门答腊开拓殖民地，荷兰人亦不再侵犯英国人在马来半岛的利益(郑文辉，1977)。所以马来西亚也相继被列入英国殖民者入侵东南亚的计划，这既与历史进程有关，又受到客观的地理条件的制约。中国香港是英国 1842 年以战争迫使清朝政府割让的殖民地，英国企图以此作为入侵中国的跳板。为此，英国政府把香港发展成为亚太区的重要港口，培育大批华人统治精英，积极为英国在中国延续影响力进行了重要的部署。

所以，从整个英国殖民亚洲的版图看，英国是以印度为中心进行帝国扩张，东方的香港，新加坡和中部的斯里兰卡是其最重要的战略支点(Ghosh，1999)。如果不是法国在东面控制了印度支那(越南、老挝、柬埔寨)，整个中南半岛都成为英国的殖民地。从英国殖民扩张的方向来看，大体是向东发展的：先是印度(包括巴基斯坦和孟加拉)，斯里兰卡，然后是缅甸(下一节介绍)，东南亚地区(如新加坡和马来西亚)，最后是中国。

(三) 时间维度的殖民

1．马来西亚

马来西亚最早于 16 世纪初就先后经历了葡萄牙、荷兰、英国及日本殖民者的统治，但葡萄牙和荷兰仅在马来西亚的沿海城市建立了商业据点，并没有进一步深入马来西亚内陆，所以虽然两者在马来西亚经营长达 300 余年，但他们对马来西亚的社会发展并没有产生太大的影响。反而是英国历时 171 年之久的“分而治之”的殖民统治影响更加深刻。英国对海峡殖民地(包括马六甲、槟榔屿、新加坡) 实行直接统治；对马来联邦(包括霹雳、森美兰、雪兰莪、彭亨四个土邦) 实行间接统治，通过联邦中央政府进行管理；对其余五邦(吉打、吉兰丹、柔佛、玻璃市、丁加奴) 则通过派英国顾问进行影响控制。英国这种惯用的殖民手法不仅引起马来西亚经济、社会发展的深刻变动，而且造成马来西亚传统政治权力结构的改变和本土语言的西方化，对后来的新马的民族构建和官方语言的确立产生了深远的影响。

2. 斯里兰卡

斯里兰卡真正建立统一的国家的时间比较短暂，欧洲殖民主义者(葡、荷、英) 长达 443 年(1505－1948) 的殖民统治使斯里兰卡长期处于分裂割据的状态。葡萄牙与荷兰殖民者虽然殖民时间较长，文的方面借助基督教，改变人民的宗教信仰，保持精神上的统治地位；武的方面则靠其船尖炮利的军队作为其军事保证，但都缺乏语言推广的意识，致使他们对斯里兰卡的殖民统治没有英国深远。反而在英国统治斯里兰卡的 157 年(1796－1948) 里，不仅把斯里兰卡民族重新划分行政区域(李捷，2008) ，沿用“分而治之”的同化政策，而且在全岛有意识推广英语，导致英语在斯里兰卡有很高的社会地位，深刻地影响了斯里兰卡发展及转换成现代国家的进程。

3. 中国香港

1842 年，中国香港沦为英国殖民地，直至 1997 年回归，英国在香港进行了长达 155 年的殖民统治。在这一百多年里，英国以历次英王训令为基本法律依据，逐步建立和完善对香港的殖民统治制度。香港的殖民统治制度具有总督专权、英国法令政策为主导的特点，广大港人无权参与香港政治与社会管理。殖民统治者的语言——英语，在英国统治期间当然成为强势语言，象征身份、地位、权势和前途，而粤语只能作为弱势语言，用于日常生活。英语的影响之深，从香港人的日常生活中随处可见英语的痕迹。香港粤语掺杂了很多英语词汇，这似乎已成为香港人的语言习惯。

(四) 空间维度的殖民

1. 马来西亚

马来西亚、新加坡是两个具有特殊研究意义的国家，历史上都曾是英国的殖民地，也曾同属于马来西亚联邦。这两个有着相似民族构成和文化背景的国家，之所以英语在结束殖民统治后独立建国的历程中有着不同的地位，这主要与两国独立后对待英语的态度和做法不同有莫大的关系。

在英殖民时期，英政府起先对马来西亚采取“分而治之”的政策，独尊英语教育。鼓励创办英文学校和马来学校。但相比只给予少许的资助的马来语学校，英文学校资助力度更大。英文学校还分为两种：英文的教会学校，不受殖民政府控制；由殖民政府资助的英语学校，基本上都建立在城镇地区，学生以华人和印度人为主，马来人由于多居住在乡村地区，且宗教信仰不同，较少就读英文学校。而对于华语学校和泰米尔语学校，英国殖民政府则任其发展，官方领域受华文教育和其他语文教育者没有任何地位。二战后，为了巩固英国人在马来西亚的殖民统治，英殖民政府转而采取“合而治之”的殖民政策，不过其本质旨也在“同化”马来西亚的民族教育，获取统治利益的最大化(在新加坡部分已详细介绍)。

2．孟加拉

孟加拉与印度的关系如同新加坡与马来西亚，历史上也都属于英国的殖民地。由于英国殖民统治留下的隐患加剧印度民族矛盾和宗教纷争，进而引发语言冲突导致国家分裂。鉴于孟加拉与印度具有相似的殖民背景和历史进程，英殖民时期孟加拉的语言政策此处不再赘述。

3．斯里兰卡

殖民时期英语在斯里兰卡传播较为广泛，这首先与英国殖民政府的“英语至上”的语言政策有关。在 1931 年之前，英国传教士控制着斯里兰卡大多数的英语教育机构，这些学校多实行双语教育；1931 年之后，英政府规定英语作为官方工作语言使用。英语除了当作为官方语言使用,也是大学中学教育的首要语言媒介,政府官员选拔也应优先考虑英语能力好的当地人(斯里丹玛，2013)。

其次，英语在泰米尔和僧伽罗两大民族之间传播，与英国殖民者推行的“分而治之”的政策，不同时期利用不同种族有关。由于英国在印度统治期间就重用泰米尔人，所以在斯里兰卡统治初期，继续沿用泰米尔人，在教育、就业等方面都对他们倾斜。这使英语教育在泰米尔民族得到发展，许多泰米尔人能说英语，成为社会上层精英，进入政界拥有权力与地位，但也造成僧伽罗人的政治话语权和民族语言严重受到排挤。然而二战后,英国担心如果由泰米尔人掌权,会与印度联成一体。因而英国人在撤离前巧妙地进行了许多有利于僧伽罗人的安排,使斯里兰卡独立前基本上由僧伽罗人在政府中担任要职。无疑，这种做法使英语成为泰-僧两大民族唯一的联系语言，拓宽了英语的传播空间，但却也成为斯里兰卡种族冲突的关键因素，并为斯里兰卡独立后构建一元制国家埋下隐患。

第三，英语学习在斯里兰卡受到推崇与当地的种姓制度也有很大关系

(斯里丹玛，2013)。在斯里兰卡，一个人的身份地位和所在的阶层是根据种姓制度决定的,很难改变。但是,英国统治者进入斯里兰卡，一面大力发展种植园经济，一面将英语规定为官方语言，广泛用于法律、行政、教育、商业等等行业。这意味着掌握英语的当地人就能够改变自己的命运，进入到更高的社会阶层。正因如此，学习英语对于斯里兰卡的当地人来说有很大的诱惑。通过英语学习，一个新的社会阶层在斯里兰卡产生了，英语很快跻身成为斯里兰卡上层通用的语言。

4. 中国香港

英国殖民者占领中国香港后，虽说没有既定的语文政策(贺国强，1998)，但当时英语是政府、商业及法律上的用语，精通英语是晋升的阶梯，这对香港居民的择业有太大的诱惑，显然是带有“重英轻中”倾向的隐性语言政策。例如 1878 年教育会议(Ng Lun，1984) 之前，部分港府官员已开始强调英语教育，教育会议进而将英语教育的具体措施规定下来。此外，英殖民政府刻意推行“隔离”政策，禁止学校谈论政治，使学生对新中国几十年来发生的巨大变化漠不关心；大力推行非母语教学，教育政策重英轻中，使学生鲜能接触中国的语言和文化，转而趋向西化；禁止或抑制港人与中国内地同胞的交往等。

不过，英政府的语言措施并没有对汉语的存在产生致命的威胁，这与其他被殖民的国家或地区不同。由于英语使用者只占总人口的很小比例，英语无法取代已有牢固社会基础的汉语，另一方面，由于港英政府努力将香港建成一个自由港，就不得不在语言使用上作出让步，为了鼓励更多的国际交往，允许汉语存在和流行，承认它的地位，因而并不试图确立英语的唯一地位而排斥汉语。所以英国殖民时期，对于学校的教学语言没有采取高压政策。1984 年，教育统筹委员会(简称教统会) 在其发表的《第一号报告书》中，明确鼓励中学以母语授课(香港人的母语指的是广东话) 。1990 年的《教统会第四号报告书》、1994 年政府的《政策大纲》以及 1996 年的《教统会第六号报告书》都重申母语教学的政策(熊建辉，2005)。不过，迫于英殖民统治，采用母语作为教学语言的中学还是不多。

鉴于此，殖民时期的香港汉语和英语都占有主要地位，并逐渐演变为英语、汉语互相不能取代的格局，最终形成双语并存的文化环境。汉语的继续存在和发展主要依赖它深厚的文化根基，而英语的使用则主要靠港英统治者的重视和推崇。这也是香港恢复主权后，英语没有成为官方语言而是通用语言的主要原因之一。

三、以亚洲英语为外语的国家为例

英语对亚洲国家的影响是非常深远的。究其历史根源，这与英国和美国对亚洲的殖民统治密不可分。在整个殖民时期，殖民当局为达到维护殖民统治的目的，不仅强制规定英语是殖民地的官方语言或通用语言，而且兴建各种类型的英语学校，传播其意识形态、价值观念和先进的科学技术知识。所以，殖民统治是向殖民地居民传播英语最重要、最直接的平台。

（一）社会背景

从社会背景看，日本和韩国属于单一民族的国家，其民族人口结构为单核心型，即某一民族在该国的人口数量中占绝对优势。这说明日本和韩国民族语言具有较悠久的历史和较为丰富的文化积累，所以理论上说，英美在亚洲地区殖民对这个两国冲击不大。相比之下，泰国和缅甸是多民族多语言的国家，民族构成相对复杂。但泰国在殖民化的历史大潮中，并没有被殖民，所以这个客观因素对英语传播的影响并不大。对于缅甸，理论上讲，它应该与印度等前面探讨的亚洲国家相似，在英国“分而治之”的殖民统治下难以招架，多元的社会背景是英语传播的有利客观因素。然而，英国对缅甸的殖民定位是“殖民地的殖民地”，缅甸在英帝国的殖民体系中被极大的边缘化，也客观上决定了英语传入缅甸后的边缘化地位。

（二）地缘政治

1．泰国

在亚洲殖民的浪潮中，泰国能独善其身，无疑与当时泰国所处的地缘政治环境密切相关。位于中南半岛的亚洲国家主要有三个：缅甸、泰国、越南。泰国地处中南半岛的中南部，西北是缅甸，东北是越南，而中国西南边疆正与他的两个邻国接壤。由于中国一直是欧洲列强渴望殖民的对象，经两次鸦片战后，中国门户被打开，英法分别以缅甸、越南为基地对中国西南地区进行疯狂的侵略。最终，英国和法国两个殖民大国的势力在中南半岛的泰国“会师”。英法出于两国利益考虑，避免在争夺泰国的问题上出现兵戎相见，泰国因此成为了一个“缓冲国”。当然，泰国免于沦为殖民的说法很多，但是泰国不同中国接壤的地理条件，不仅延缓了英法对泰国侵略时间，更成为历史上泰国免于殖民的一个重要客观因素。

2．日本

从地理位置来看，日本位于亚洲的最东部，隔海与亚洲大陆相望，是个名副其实的岛国。这种地理位置使日本一方面能输入大陆文明，又能保有自己相对的独立性；另一方面，最主要的是可以免于来自陆上的侵略。从国土面积来看，日本属于中等规模的国家，虽然在政治上较利于统治，但日本资源匮乏，经济结构主要是依靠航海进口原料，所以地缘政治很好地提供了日本没有成为欧洲列强殖民对象的客观因素。

3．朝鲜、韩国

自古以来，朝鲜半岛或受陆权国家主导，或受海权国家控制，或呈现出陆海权国家间的竞争局面。这与它的地缘政治关系密切。朝鲜半岛一端背靠大陆，另一端伸向海洋，地处大陆与海洋之间，构成一个背陆面海的“丁”字形状。所以，历史上 19 世纪中后期以前，朝鲜一直是中国的附属国；同时它也是日本通向亚洲大陆的必经之路，朝鲜曾沦为日本殖民地(1910－1945) 多次作为日本侵略亚洲的“军事基地”；随后又经历美国、苏联等政治军事大国的竞逐，但始终没有成为英美等国的殖民地，所以缺失英语传播的殖民土壤。

4．缅甸

缅甸位于南亚、东南亚和中国的三岔口交汇处，北面与东面与中国西藏自治区和云南省接壤，东部与老挝和泰国毗邻，西部与印度和孟加拉相连。其地理位置在经济上和战略上十分重要。所以 18 世纪中叶，英国取得对印度的控制权后，随即觊觎缅甸，作为入侵中国西南的门户，从而进一步扩大其对亚洲国家的殖民侵略。因此，侵略扩张的矛头指向了缅甸，多次发动印缅战争。但英语传播始终没有像印度那样深入，因为缅甸作为印度殖民地的延伸，英国主观上对缅甸的语言殖民力度缺乏。

（三）时间维度的殖民

从殖民历史看，泰国是亚洲免于殖民为数不多的国家之一；日本二战期间一直以侵略者自居，所以也不涉及语言被殖民的问题；韩国虽然经历了殖民，但与英美两国无关，所以英语从根源上对其影响并不深远；缅甸虽然曾遭受英国殖民统治，但属于殖民地中的殖民地，英政府和缅甸的关系并不十分密切。

（四）空间维度的殖民

基于这四类国家，以下将探讨几个问题：在殖民时期，英语在亚洲的传播是否对免遭殖民的国家(泰国、日本) 以及非英语殖民的国家(韩国)有影响？这与后殖民时期泰国、韩国和日本在国家构建过程中，将英语纳入外语学习是否有联系？缅甸作为英国的殖民地，英殖民时期哪些因素影响到后殖民时期的语言政策？为何将殖民地语言英语仅作为外语学习，而没有像其他被殖民的亚洲国家或将英语作为官方语言，或将英语作为通用语言？

1．泰国

近代泰国免于沦为殖民地的原因，国内外学者见仁见智,提出了几种不同的解释原因。主要有“缓冲国说”“割让领土说”“拉玛五世改革说”“灵活审慎的外交路线说”“优势地理位置说”及“综合原因说”等。本节研究的重点是对于泰国这样免于沦为殖民的国家，英语是否也随着英国在亚洲大规模的殖民扩张传入泰国本土？

在泰国周边国家纷纷被英国殖民，英语强制性成为殖民地官方语言时，泰国主动制定一系列外语政策，这主要出于国家的安全及利益的考虑。一方面，亚洲政治格局的变动给泰国语言构成带来新的变化。西方列强的殖民侵略,导致泰国人民必须了解西方语言,特别是英语,才能知晓西方各国的具体国情及战略转变，才能有效避免与大国的冲突,这是推动外语教育政策的关键原因。另一方面，国内政治因素导致皇族西学，为争取欧洲国家统治者维护泰国的独立起到助力(戴维，1969) 。曼谷王朝建立后,历代国王都看重外语(尤其英语) 的学习，要师夷长技以制夷，谋求国家的发展和生存。例如拉玛三世就很重视学习英语等外语,在国内掀起了学习英语和西方科学的热潮；拉玛四世提倡宗教自由,吸引了大批西方传教士，兴办了泰国第一所世俗学校；拉玛五世更是积极引进西方现代教育模式，先后两次出访欧洲，给英、法、俄等国的国家元首留下了深刻的印象，这为后期“灵活审慎的外交路线”开辟道路，使泰国在多方殖民势力的紧逼下求得一线生机，成为“缓冲地带”保持了国家的独立。

因此，基于有效避免与殖民主义的冲突，保证国家安全的前提下，泰国允许和鼓励英语在本土的普及和传播。亚洲殖民期间，泰国的外语政策主要包括：拉玛五世改革和1913年的教育部条例。首先，拉玛五世在教育和外语教育改革中明确提出：“语言的重要不仅仅是为了能与其他人交际，它也是我们学习其他知识的工具……”；他还指出“……在我国，虽然懂英语的人知识与各方面的技能并不是很好，但是不要灰心。能读懂、会翻译就会得到很多益处，他们的生活比只懂泰语的人已经便利与丰富得多。”其次，1913年的教育部条例也明文规定，在初中阶段开始教授英语。

由此可以看出，殖民主义时期，泰国政府十分注重外语教学，尤其是英语。他们认为只有将泰国教育从寺院转向世俗教育，传播西方文化科学知识，才能打开向国外学习现代科学技术知识的大门，才能从根本上改变泰国教育落后的局面使其日益强大。所以这种学习西方观念改造国家的决心，也为后殖民主义时期泰国进一步接受西方语言文化奠定了基础。

2. 日本

鸦片战争是使东亚地区从传统封建的秩序宣告结束，被纳入世界殖民体系的开端。鸦片战争后,西方列强对东亚地区展开愈益激烈的扩张和争夺，使日本和韩国不得不面对这样两种抉择：要么沦为殖民地，要么走向独立自强。在危机面前,两国均无例外地试图避免前者，力争后者。只是由于各国的客观条件和当权者的主观意愿不尽一致，其结局也就各有不同。

与韩国形成鲜明对照的是,日本在世界潮流的推动下，果断地实行“明治维新”，学习西方先进文明，对于英语传播选择“主动移植”的发展道路。所以，英语真正在日本传播始于明治维新之后。鉴于日本长期的闭关锁国，国力衰败，外国的坚船利炮能轻而易举地打开日本的国门，因此与殖民时期泰国的拉玛五世一样，日本为摆脱落后挨打的被动局面，开始革新变法，倡导维新。英语作为学习西方文化和科技的工具，最先受到维新思想家和教育人士的推崇。可见，英语传播兴起于明治维新之后有其必然性。但是殖民主义时期，随着日本在不同阶段面对的不同形势，英语在日本的传播并不是一帆风顺，而是呈跌宕起伏的曲折发展，它主要分为萌芽、发展和滞后三个时期。

(1) 萌芽期(1808至19世纪下半叶)，从英国舰船“法顿号”侵入日本长崎，出于国家安全的考虑，日本政府主动开始引进英语学习。从1809年德川幕府下令向荷兰人学习英语(李欣欣，1999)，各地纷纷兴办私塾学习英语，到1840年，涉川敬直接翻译出版了第一本英语语法书《英语鑑》，到 1848 年美国青年 Ronald Macdonald 来到日本，成为第一个在日本用母语教学的外籍教师，到 1868 年“庆应义塾”成为英语学习的代表机构，从此英语在日本的传播正是拉开了序幕。

(2) 成长期(1868 至 20 世纪中期)，英语学塾的普遍开办为日本人学习英语打下基础,国民纷纷开始学习英语。但从日本社会学习英语的总人数来看，学习英语的人还是少数。为了进一步推广英语教育，日本政府法令规定：在日本中学里，英语连同法语、德语、华语和马来语作为外语确定为中学课程，而且均作为选修科目。于是，1872 年，日本小学开设英语课程。1884 年,在《中学教则大纲》中明确规定，在初中阶段像教授汉语一样教授英语。1886 年，在《寻常初中、学科其程度》中进一步明确英语的特殊地位，“通常第一外语为英语，第二外语是德语或是法语 (高桥正夫，1999)。1890 年，日本颁布了《教育敕语》，政府号召通过掌握英语，吸收西方科学技术和文化思想，进而消除后进性，使日本尽快与西方国家对等。由此可见，英语在日本传播逐渐规范化，一方面受制于当时国际政治格局，另一方面也是国内社会发展需要所致。

(3) 滞后期：在第二次世界大战期间，英语一度被日本人当作“敌人的语言”，因此，许多人因而排斥、拒绝学习英语，使英语传播陷入绝境。

因此，从英语传播的历史进程看,日本非常注重与外部世界的沟通与联系，而英语是其国家发展战略的重要组成部分。虽然日本没有明确的英语教育政策决策和研究机构，但一部分维新变法的领袖具备战略家的眼光，从国家发展战略的角度看待英语传播问题，审时度势地为英语的传播创造了社会空间。虽说二战期间，英语被贴上敌对语言的标签，被搁置，但殖民时期英语传播的三个阶段性发展，无疑为后殖民主义时期英语在日本的多元化传播奠定了基础。

3．韩国、朝鲜

朝鲜半岛地处欧亚大地最东端的特殊地理位置，它既是清朝东向防御列强进攻，维护中华朝贡体系的最后屏障，也是列强国家西向进攻亚洲大陆的重要陆基。所以，鸦片战争以后，朝鲜立刻成为列强在东亚争斗的焦点,其进攻的势头之猛烈决非朝鲜王朝的闭关锁国政策所能抗拒。19 世纪中后期，李氏朝鲜陷入内忧外患的危机境地。在世界列强，尤其是在明治维新后崛起的日本的重压之下，朝鲜被迫开放门户。朝鲜 1894 年的“甲午改革”是仿照西方文明，建立小学、中学、英式学校等新式学校，并引入西方教育制度，所以殖民时期，朝鲜虽然没有被英国或美国殖民，但英语是被迫移植到朝鲜的，主要经历了萌芽期、改革期和停滞期。

（五）萌芽期

朝鲜门户被迫打开初期，李朝政府为顺应当时的社会政治形势，积极主张改革旧教育体制和更新教育内容,学习西方文明，增派了海外留学生，并于 1886 年创办了朝鲜最初的近代学校—育英公院(Royal school) (田华麟, 1982) 。这是一所英语学校,分左院和右院,左院是青年文武官吏,右院是儒贤中优秀者。招生对象是两班贵族子弟,定员三十五名，全部是朝鲜学生，而教师是李朝政府在美国招聘的三名青年教师。所以，育英学习为英语在近代朝鲜的发展和传播多少做了一些努力，虽然它仅将英语的传播限制于贵族阶层。另一方面，美国基督教系统的学校对朝鲜近代英语传播的过程也起一定作用。美国基督传教士阿片捷列尔(Appenzeller) 于 1885 年六创办了培材学堂，并任校长。这是美国人在朝鲜设立的第一所私立学校。李朝高宗王为表示支持阿片捷列尔办学，赐校名“培材学堂”。这所学校的教育目的是培养基督教信徒，学习科目是圣经、英语等。

（六）改革期

李朝政府于 1894 年以后对教育进行了一系列改革，以此为起点,拉开了朝鲜近代英语传播的帷幕。李朝政府根据高宗王“教育立国刀的基本精神，于 1895 年先后颁布了“汉城师范学校官制”“汉城师范学校规则”“小学校令”“外语学校令”。这期间，李朝政府尤为强调英语等外语的学习，因为李朝政府认为掌握西方的先进科技文化，不首先学会那个国家的语言是徒劳无益的。所以为了培养外语人材，在育英公院的基础上，而后又陆续设置了日语、英语、法语、俄语、德语和汉语等外语学校，推广西方文明。

（七）停滞期

然而，英语传播的发展态势没有一直持续下来。1910 年日本通过武力使朝鲜半岛沦为殖民地。殖民时期，日本帝国主义不断进行军事威胁和政治干涉，在文化教育上大肆推行殖民地奴化教育，关闭朝鲜的语言学校，强制进行日语、日本历史与地理的教学。所以，日本殖民期间，朝鲜近代英语的传播丧失了传播的主体性,不得不经受半殖民地教育的考验，处于停滞状态，直到韩国摆脱日本的殖民独立建国。

缅甸。19 世纪以前，缅甸是中南半岛领土最大、军事力量最强的国家，曾经称霸半岛，多次攻占泰国和老挝。但在亚洲殖民的浪潮中，缅甸的地理位置最先被英国看成殖民统治印度帝国的延伸，多次遭到武装进攻；另一方面，缅甸统治者未能抓住英国忙于向其他地区扩张殖民的有利时机，不但没有像泰国或日本那样励行改革，反而顽固地继续推行其封建专制和封闭保守政策，最终沦为“殖民地的殖民地”。缅甸在英帝国的殖民体系中被极大的边缘化，也客观上决定了英语传入缅甸后的边缘化地位。英语在缅甸沦为殖民地时期的传播大体分为“以印治缅”和“印缅分治”两个时期。

(1) “以印治缅”时期(1886－1937) ，缅甸隶属英属印度，英国按照英印殖民地的统治模式建立了对缅甸的殖民统治体系，并对缅族和少数民族采取“分而治之”的殖民政策(Nalini，1971) ，这种殖民统治的背后不仅成功转移了缅甸人民反英的情绪，而且加深了缅甸各民族间的矛盾和对立。所以，殖民地官方语言英语的推广呈上升趋势，在缅甸国内通用。英殖民政府为培养具有西方思想、充当统治者和当地人之间桥梁的精英，满足殖民地社会经济发展的需要，还分别于 1835 年在毛淡棉、1837 年在皎漂、1844 年在实兑，开办了用英、缅两种语言进行教学的学校。1852 年英国侵占下缅甸以后，又在仰光、勃固、东吁、卑谬等地开设了用英语或英、缅双语进行教学的学校，并规定从幼儿园到大学都要用英语教学。1920 年《仰光大学条例》中有一条要求入学者具备相当高英语水平的规定(李佳，2009)。

然而，英语的广泛传播、西方文明的引入并没有使缅甸教育朝着预想的方向发展。一方面，英国殖民者吞并缅甸后取消了原来缅甸政府对寺院学校的支持，作为大众教育和宗教教育中心的寺院逐渐丧失其重要性。另一方面，随着殖民行政机构的扩大，英语人才的需要也加大，但由于新的学校大多建在城市，这使作为缅甸主体的农民失去了受教育的机会，能够接受教育的只是上层分子和城镇居民的子弟，他们不学缅甸传统文化，也很少学近代自然、社会科学，学的只是殖民政府需要的英语与数学知识。可见，学习西方文明却依然无法改变缅甸的落后，因为缅甸政府不作为，作为农业国迫切需要学习的农业技术教育丝毫没有重视，结果是“英国的统治只是使缅甸向世界开放，而世界却没有向缅甸开放”(佛尼瓦尔，1956) 。

(2) “印缅分治”时期(1937－1948) ，出于国内外政局和经济利益最大化的考虑，英国政府转而对缅甸实施直接统治，由“殖民地的殖民地”变为“单独的殖民地”，殖民的本质并没有改变。但是，这个时期英语的传播是呈曲折路线发展的。

随着英语在缅甸的推广，缅语地位逐渐被取代，因此随之而来的语言问题日益凸显。面对殖民文化的入侵，缅甸民族精英纷纷开展顽强的抗争，呼吁在各级学校都使用缅语教学。例如 1938 年，缅甸学生、爱国知识分子成立了“我缅人协会”，开展民族解放运动，并发布“缅甸是我们的国家，缅文是我们的文字。缅语是我们的语言，要爱我们的国家，要珍视我们的文字，要尊重我们的语言”的宣言([缅]貌貌，1982) ，强烈要求提高本土文化的地位。另一方面，1942 年至 1945 年 7 月缅甸被日本占领，英语作为前殖民地语言被禁止使用，推行日本的奴化思想。所以直到缅甸独立前，英语的发展很缓慢。

英美殖民主义势力对亚洲国家和地区形成的挑战在时间、强度和方式上存在差别，所以英语在殖民时期亚洲的传播深度与广度也有所不同。由于地理上的原因，东南亚地区最早受到殖民扩张的冲击，因为在东西方海路交通线上东南亚是通往东亚(中国) 必经之地，而印度是英国在亚洲较早建立了稳固统治的地区，所以在进一步向东方扩张的时候自然首先以东南亚为目标。从 18 世纪后半期开始，英国就开始在东南亚寻找通往东方航线中转站，先后占领了槟榔屿和爪哇岛，与传统的殖民强国荷兰展开了争霸斗争，在 1819 年占领新加坡，1824 年与荷兰达成分割势力范围的协议，同年发动了对缅甸(印度帝国的延伸) 的侵略战争。所以最终侵占东亚，尤其是对中国和日本发起挑战的时间晚了 20～30 年；至于朝鲜，尽管一再有西方国家要求其开放门户，但直到 1876 年被日本强迫签订《江华岛条约》之前，还是成功地继续了其锁国政策。

从英国在亚洲殖民扩张的方向来看，大体是向东发展的，南亚的印度和东南亚地区被英语的控制与奴役程度最深。当然，英语的殖民深度与广度和外来压力的强度有关，但更关键的还在于国家或地区的内部反应，也就是国内政治走向所导致的语言传播的取向。客观上，英语作为殖民地语言对于所有的亚洲国家和地区来说都属于陌生的、异质的，对之采取抵制态度是最自然和本能的反应，然而一些国家或地区认识到这种西方文明的性质后，将其转变为防御性的富国强兵的武器，这主要取决于国家或地区对外部压力的敏感程度。从亚洲国家在 19 世纪对英美殖民的反应来看，总体上可以分成几种类型。

第一种是日本型，属于比较积极主动而又比较有效的类型，通过变革吸收西方文明，通过主动传播英语实现国家发展方向的转变，走上了富国强兵的道路，半殖民地化程度轻、时间短，最后达到与西方平起平坐的地位，而且走上对外扩张的道路，加入到殖民主义势力之列。

第二种是泰国型，就是完全顺应西方经济扩张要求，主动打开国门融入到世界体系之中，尽管保持了形式上的主权独立，没有沦为英国的殖民地，但从 19 世纪中期开始不断有国王领导的西化形式的改革和现代化运动。因此，泰国对西方文明的依附程度，尤其是英语的奴化程度和其他英属殖民地没有差别。

第三种是朝鲜型，对外来压力反应比较迟钝，首先是试图通过继续闭关锁国把西方势力拒之门外，然后是在受到越来越严重的打击情况下采取非常有限的改革，最后导致陷入殖民地半殖民地状态而受到外来因素更严重的制约，英语的传播可谓曲折前进。

第四种是缅甸型，由于对外来压力的性质缺乏准确认识，一直采取锁国政策，尽管一再受到政治和军事的压力和打击，但在改革方面缺乏积极性，甚至远远不如第三种类型。

第五种类型是马来西亚(马来西亚和新加坡) 、菲律宾和印度，它们或者是由于邦国林立的过于分散的政治局面，或者是由宗教上联系在一起成为统一的多元化国家，缺乏明确的民族意识和统一的民族语言，既没有内部改革的动力，也缺乏应付外来挑战的能力，由于印度所处的地理位置和东南亚作为通向中国的必经之路，又最先受到殖民冲击，所以到 19 世纪后半期没有经过太多抵抗就变成了殖民地，无论是殖民的时间、强度还是方式上，受英语的奴役程度最深。

第三节　殖民时期英语传播的表现形式

在整个殖民时期，英国的殖民统治成为英语在亚洲传播的主要动力。它主要表现为通过武力震慑、政治钳制和贸易占领的硬实力传播和以宗教和奴化意识形态为手段的软实力传播。硬实力一般是以强制的方式迫使另一国接受其语言，而软实力在语言传播方面，则开辟了另一条道路，即通过道义形象的作用，使另一国自愿跟从和效仿其思想和观念，从而实现对其语言的推广。

一、硬实力的英语传播

硬实力是殖民者所拥有的有形的、物质的可以测量的资源，它包括政治、经济、军事实力等。在宗主国实施对外战略中，军事实力是对外扩张以及实现权力意志的最终可以诉诸的手段；政治实力是殖民政府和行政机构使用英语的安全保障；经济实力则是实现殖民地战略目的持续性的动力支撑和物质基础。过去 300 多年中，英语之所以能够在亚洲殖民地扎根并传遍世界，靠的就是大英帝国当年雄厚的经济实力和强大的海军。因此，硬实力对英语在亚洲传播的第一阶段起到了决定性作用。

（一）军事扩张

通过对历史上曾经沦为英国殖民地的亚洲国家与该国家官方语言和通用语言相关性的统计研究发现，英国的军事扩张对英语在亚洲传播产生了直接且深远的影响，因为军事扩张是殖民者实现英语在亚洲空间传播和空间控制的有效手段。在军事主导的亚洲殖民期间，英国可以轻易地将自己的军事等硬实力转换为英语传播的动力。这是因为在这样的殖民环境里，使用军事手段遇到的阻力、付出的成本会比较少，殖民国家或地区也就会因为顾及到军事威慑的后果，而屈服于宗主国的威慑，进而成为宗主国语言的传播的助力。

（二）政治钳制

政治钳制主要体现在宗主国传播英语的政府行为。在亚洲的殖民地，英语最初只是英国官员、商人或者传教士这些小群体使用的语言。殖民当局为了能更有效掌控当地人、巩固殖民统治，对殖民地当地语言和文化进行人为的调节，导致 19 世纪 20 年代英语在殖民地开始广泛传播。因此，英语成为宗主国了解殖民地的不同特征，制定殖民政策的桥梁，正是因为英语的普及，英国殖民当局才能通过大量本地官员的协助很好地钳制殖民地，稳定殖民统治。

（三）贸易占领

亚洲殖民地扮演的角色既是英国的原料产地，又是销售市场。随着英国贸易范围的扩大，无论是和殖民地之间的贸易，还是和其他国家的贸易，语言的不同成了最大的障碍，这客观决定了殖民地语言英语在当地得到传播与发展。在殖民地与英国的大量贸易中，人们交流大量使用的共同语言就是英语，有的甚至产生了一种便于双方交流的语言，尤其在东南亚通商口岸、商埠城市不懂当地语的英国人与不懂英文的当地人，出于做生意、进行交流的需要还自创一种英语，大大促进了英语在亚洲的传播与发展。可见，语言传播而产生的收益主要来源之一是语言群体边界的溢出收益。这表现在语言的传播可以增强贸易往来、知识共享以及推动大多数经济与社会相关活动的组织、协调及管理。所以，殖民期间贸易往来给殖民者带来经济利润是一方面，也使英语在殖民地语言中构建了重要地位。

二、软实力的英语传播

语言传播除了硬实力之外，还要依靠软实力。与硬实力的有形性、物质性相比，软实力是一种无形的、精神的力量，主要指通过观念思想等无形力量在殖民地进行文化渗透，传播语言。它具体包含隐蔽的宗教行为和奴化的意识形态，在硬实力传播英语的背后，重塑良好的民族认同形象，使殖民地人民自愿效仿其思想。

（一）隐蔽的宗教行为

鉴于牧师和传教士是英国海外势力的一个重要组成部分，宗教行为是英国向亚洲殖民地传播价值观和语言的又一重要途径。他们一方面坚定地宣传基督教文明是西方文化的中心，他们的责任是帮助更多人皈依基督教；另一方面出资创办教会学校，并鼓励学生改信基督教。这种宗教传播无形中成为殖民地思想控制的一种手段，使亚洲很多缺乏独立学校的地区，学生从小就学习英语及英国文化，并逐渐信奉基督教。宗教行为的隐蔽性在于对于宗主国，宗教传播不仅有助于传播殖民地语言，并使殖民地处于稳定的状态，更加有利于英国的殖民统治；对于殖民地，宗教—所谓的西方文明的光鲜亮丽使当地人蒙蔽了思想，忽视了宗教传播与殖民侵略的二重性本质，因为宗教在隐蔽的传播过程中，英语不仅破坏殖民地本土文化而成为思想交流的最重要媒介，也是宗主国在思想上控制亚洲殖民地人民的有力武器。

（二）奴化的意识形态

亚洲殖民期间，奴化的意识形态是英国惯用的软实力手段，来操纵殖民地人民的思想和行动，从而传播殖民地的语言。它最为巧妙也最为复杂。之所以在亚洲被殖民的国家或地区中，某些国家在独立建国后英语依旧享有官方语言的地位，这与殖民期间奴化的意识形态有密切的关联。殖民地之所以会将宗主国奉为精神和思想的榜样，自愿接受和效仿他的语言文化和制度模式，一方面是因为宗主国文化观念、意识形态、制度模式通常被证明是先进的、行之有效的，能够推动社会发展的观念模式，具有实用性的价值。另一方面，这些观念往往被宗主国包装重塑成具有某种独特性，能够以独特的个性在殖民地人民的心灵深处打上深刻的烙印，具有一种特殊的魅力和吸引力。所以在殖民期间，这些所谓的“诱惑”一直牵制着殖民地人民的思想意识，自愿学习和模仿宗主国的语言和文明。然而这种潜在的意识形态与军事扩张、政治钳制和贸易占领等硬实力传播语言的方式不同，它并不会随着殖民统治的结束而消亡，一旦这种思想观念被殖民地模仿或接受，这种思想模式最终的结果是在心理上会产生依赖性，即所谓的奴性，甘愿在实际中产生殖民与被领殖民的文化关系。这恰恰达到宗主国长期奴化殖民地、推广殖民地语言的目的。

军事政治干预、经济扩张和思想钳制，这些均是亚洲被英语殖民的主要表现形式，而且相互之间存在内在关联。经济扩张是亚洲被英语殖民的逻辑起点，也是其归宿点；军事和政治上的干涉体现了硬实力在英语传播中的刚性，而思想钳制则反映了软实力在英语殖民中的柔性。英语在刚性和柔性传播手段相结合的过程中，同时在深度与广度上抢占了亚洲殖民地的传播空间。硬实力的传播方式注重英语传播空间的横向侵占，这是一种外显的硬力量；软实力的传播方式则倾向英语传播的纵向发展，强调时间的久远性，这彰显了一种内敛的语言传播的软实力。

第五章　后殖民时期英语在亚洲的传播

二战后，殖民地国家纷纷摆脱了宗主国的政治控制，英帝国殖民体系逐渐瓦解，世界进入后殖民时期。但后殖民时期，殖民地国家政治上虽然获得独立，文化上依然受到钳制。所以后殖民时期文化殖民的现象更为显著，西方发达国家的语言、文化继续以各种形式灌输、渗透到落后民族和国家，不失时机地将自己的文化意识强加于其他民族文化之上。

对于大多数亚洲国家，本来语言就复杂多样，文化殖民更使他们一旦获得独立，要艰难地选择哪一种语言作为国语和官方语言。一般来说，一个国家确定本国的官方语言有三种方式：

(1) 缺乏全国性社会文化传统的多元化国家，可能选择一种广泛流通的语言作为官方语言，通常的选择不外是原殖民者——宗主国的语言，如印度、巴基斯坦等。

(2) 选择土著或者已经土著化了的语言作为官方语言，如马来西亚、泰国等国就是采用这种方式。

(3) 为了国家事务管理方面的需要而本国各种族集团的成员又使用各自语言的情况下，只好选择一种或多种广泛流通的语言作为官方语言，如新加坡就是四种语言同为官方语言。

当然，独立后的亚洲国家在官方语言选择上受到制约因素很多、很复杂，本章主要对后殖民时期亚洲国家英语传播的主体、深度广度和策略表征进行多因素、多角色的对比考察，从而深入解读英语在不同亚洲国家传播的复杂动因，分别从英语为官方语言、通用语言和外语的国家或地区，结合语言规划的文本，对英语传播的执行、评估和策略调整进行系统评价。

第一节　后殖民时期英语传播的主客体

后殖民时期，随着互联网的出现，英语传播的主体和客体发生了根本性变革。

首先，殖民时期殖民政府是主导性的语言传播者，无论在殖民时期任何一个阶段，殖民政府作为语言传播主体的地位无人能够企及。相比之下，在后殖民时期，殖民政府不复存在，取代而至的是独立后亚洲国家纷纷成立的政府职能部门，而语言传播的客体也由原来较为被动的传播语言转换成主动地传播，并对语言的传播行为实施着把关控制。准确地讲，这一时期语言传播的主体是指以美国为首的非英语国家在全球事务中对语言尤其是英语的推动。随着美国在国际事务中发挥的作用日益扩大，美国政府把英语的输出隐藏在了其对外援助和对外服务的法案中，这严重导致了亚洲一些国家独立以后对英语依赖程度的加深。所以美国看似表面化的对外援助项目和法案，输出的却是它的语言和教育理念，一种变相的文化殖民。

其次，殖民时期亚洲出现的一些专门从事国际贸易活动的跨国公司，如东印度公司，它最初主要受经济利益的驱动，依附于殖民政府，但本质上也是英语向亚洲国家传播的主体。相比之下，后殖民时期，这种以从事贸易为幌子进行殖民扩张的跨国公司虽然逐渐消亡，但独立国家的大型企业在慢慢崛起，他们受经济利益的驱动，也同样在经历语言传播客体由被动向主动转化，由国内企业向跨国公司的演进过程。对于亚洲国家来说，企业不再单纯受制于西方国家的跨国公司，而是在征服国内市场的同时，主动开辟国际市场，而在此过程中，它的传播活动就带有语言向国际传播的色彩。因为跨国公司高层要对分布在世界各国的子公司进行管理，来自世界各国的员工之间要进行交流，这迫切需要一种彼此都懂的语言来进行沟通，由英美霸权而确立了语言霸权地位的英语，发挥了国际通用语的功能。所以说，跨国公司既是世界经济最主要的行为主体，又是英语的使用者和普及者。其经济活动对英语全球化的贡献不可低估，它开创了范围最广、人数最多、领域最宽的学英语、用英语的新局面。

第三，殖民时期一些由个人构成的社会组织在英语传播过程也至关重要，但并不是大范围普及，做到人人参与，仅限于当时社会各界的文化精英。但后殖民时期，随着互联网的出现，语言传播中的传受关系发生了根本性的改变。互联网将千家万户连接起来，将世界上所有的国家和地区连接起来，任何人都能进入开放的、无疆界的信息空间。在这个英美霸权搭建的信息空间里，英语不仅有助于人们自主性地寻找和接收信息，作为信息传播客体而存在，同时也有助于主动发布信息，使每个传播客体成为主动推动语言的一员。尤其是随着微博的兴起，使网上的每个人都成为了独立的媒体发言人，这为英语传播的渠道构架了一个更为一个庞大的、民众性的信息交流平台。其结果是，英美国家不再作为主要的或唯一的语言传播主体主导传播过程，独立国家的政府、其他机构与个人也逐渐摆脱了依附地位，成为主动的传播英语的力量。这就使国际传播主体由一元走向多元。当然，在这样一个网络传播时代，多元的语言传播主体形成以后，政府作为国际传播控制者的身份仍然没有改变。

第二节　后殖民时期英语传播的深度与广度

一、以亚洲英语为官方语言的国家为例

新生的民族国家在脱离殖民统治之后都渴望彻底摆脱殖民统治的影响，极力消除原宗主国文化阴影。其中消除甚至取消原宗主国语言在国家生活中的作用是实现文化独立的一个很重要的措施。印度、巴基斯坦、菲律宾和新加坡也是如此，他们在其实现政治独立后，也都更希望实现文化独立，然而霸权语言英语在这四国的民族构建中依然战胜本土语言，并获得合法地位，作为官方语言广泛传播，主要归结为以下几方面的因素。

（一）多元主义的均衡

作为多民族国家，印度、巴基斯坦、菲律宾和新加坡比较典型，这四国民族的力量对比及其所使用的语言的功能大小相当，基本上没有一个民族在数量上占绝对优势，也没有历史形成国家的共同语言。因此，印度等四国独立后仅宣布某一种民族语言为官方语言，忽视或不承认其他众多小语言的存在，必定侵犯其他语言的利益，引起讲不同语言的群体都围绕语言问题展开了以有利自身利益来解决这一问题的行动。

1．印度

1947 年印度独立后，立宪会议赋予了印地语为印度官方语言的地位，引起了广大非印地语区居民的强烈不满，因为当时讲印地语的印度斯坦人不足全国居民的 1/3；印地语尚未发展成全国性语言，仅仅是一种地区性语言(Tsui & Tollefson，2007)。结果语言问题引发了印度各地反对这个措施的抗议、示威活动，甚至流血冲突。

2. 巴基斯坦

巴基斯坦也是如此。由于存在地区差异、族群矛盾、阶层矛盾，巴基斯坦政治文化中不存在一个占居绝对优势的大众文化，而是具有多元主义的、混合的政治文化。所以，1947 年印巴分治后，虽然巴基斯坦政府希望赋予乌尔都语官方语言的地位，但东巴基斯坦人民提出把占大多数人使用的孟加拉语定为国语。为此，双方围绕语言问题展开长期的激烈斗争，最终还导致了国家的分裂。

3. 新加坡

建国初期的新加坡更是三大族群保持着强烈我群意识的语言生活状况。20 世纪初，新加坡华人社会几大(方言) 帮派间数次大规模械斗，20 世纪五六十年代几次严重的种族骚乱，每次都造成惨重的人员伤亡(马戎，2004)。所以，新加坡政府独立后国内政治面临的最大问题是把四分五裂的四大语言流合而为一，建立统一的新加坡国家意识。

4. 菲律宾

对于菲律宾，300 年的西班牙和美国的殖民统治使其主体民族与少数民族、少数民族与少数民族之间普遍存在着或隐或现的矛盾，官方语言地位之争一触即发。虽然宪法中强调“发展国语”，确定以“他加禄语”为国语(Kirkpatrick，2010) ，但是“他加禄语”作为一种方言，很难平衡菲律宾其他民族之间的利益，激起少数民族对国家和主体民族的不信任，甚至引发民族主义意识和地方分离主义，加剧了菲律宾民族问题的恶化。

鉴于以上分析，印度、巴基斯坦、菲律宾和新加坡的族际对抗与冲突势均力敌，没有哪一种民族语言能足够胜任“沟通大使”，解决上百年殖民统治遗留下来的语言矛盾和纷争。在官方语言的选择上，要符合本国语言状况的实际。既要聚焦构建和谐民族关系，又不能强制推行，需借助某种中立语言以平衡语族间的竞争与冲突。英语恰恰具备这一优势，作为超民族语言，既保证印度等四国国内各种使用语言的平等地位，对于使用其他语言的各族人民是一个极大的尊重，也有效避免印度因为语言问题陷入分裂。所以后殖民时期语族间多元力量的竞争与冲突，是霸权语言英语合法化，并成为官方语言广泛传播的一个关键动因。

(二) 语言态度的调适

语言态度是指“人们对语言的使用价值的看法，其中包括对语言的地位、功能以及发展前途等的看法(戴庆厦，1993)。”它和语言选择常常联系在一起，语言态度决定人们的语言选择，语言选择反映人们的语言态度。虽然语言选择更大程度上取决于官方政府的语言态度，但在印度等四国这样一个多民族、多语种的国家，能获得民众从思想上的支持也更为重要。这四国的国民在选择哪种语言作为官方语言时是经历了一番态度的转变。最初人们曾试图用本土语言取代英语，以重拾民族的自信和实现民族语言的发展，然而各语族之间由于存在巨大分歧，国民无奈之下，只能抛弃对英语持有的殖民主义态度，使英语霸权合法化。这种在后殖民主义时期英语被拿来、挪用、调适、接受和再利用的态度转变非常符合 Pennycook(2000)提出的后殖民主义述行观。

首先，英语本身具备的中立性特点使印度等四国在文化认同上对其并不排斥。虽然支持英语是政客拿来和挪用于统一国家、聚合民心的有力武器，但因为英语不为任何一个民族独有，各个族群的起点是一样的，并没有哪个族群的英语基础要优于其他族群，为各民族接受。另一个方面英语和这四国所有本土语言相比都存在巨大的差异，这就使得大家在学习英语时所面临的困难是一样的。没有哪一个民族会因为自己的语言和英语的相似性而在学习英语的过程中取得优势地位，因此这四国的各个族群对殖民语言英语的再次利用都能接受。

其次，英语虽然是殖民地的文化遗产，但在印度等四国比亚洲其他国家更具有深厚的社会基础。任何一种语言想成为一个群体的共同语，必须在这个群体中有一定的社会基础，而恰恰英语具有这一特点。正如后殖民主义述行观所提出的那样，全球英语霸权不能仅看成一种帝国主义，更是地方英语霸权叠加的产物。在印度等四国，英语是国内精英的宝贵资源，英国的殖民统治已经使英语扎根，并形成了一个社会阶层，这个阶层的人虽有印度等四国人的血液和肤色，更有英国人的情趣、信念、道德和智慧，这个阶层是政府与其数百万被统治者之间的桥梁，更是地方英语霸权的体现。因此，这四国民众态度转变，最终抛弃狭隘的民族主义的观念，大胆的选择一种异族语言英语作为官方语言，是有其历史和社会根源的。

第三，日益全球化的今天，语言态度的转变也与各族群的需要密切相关。语言的传播和推广，其根本的动因在于需求。英语已成为全球化科技和资讯领域的通用语，印度等四国政府当然希望提高全民的英语能力，以提高国际竞争力；而社会各族人士也非常重视英语，希望通过掌握英语而使自己具有个人竞争力，这是出于经济和发展的需求，也是英语语言价值的集中体现。

（三）单语制政策的妥协

语言政策是指人类社会群体在言语交际过程中针对某种或者某些语言而制定的相关法律、条例、规定和措施。它总是与国家构建等核心利益紧密相连，并随着国家所处的国际和国内环境的变化而变化。这可以用马克思主义哲学解释，即语言除了自身的发展规律外，语言的发展变化首先是受制于社会的，因为社会变化对于语言传播有很强的控制力和管理力度，语言传播发展的规模及其深度极大地受制于社会制度与社会文化等因素。

独立后的大部分亚洲国家，最初由于受西方文化同一性的影响较深，在民族构建过程中普遍采用“国语优先“的政策，这一政策的实施虽然对现代民族国家的形成意义重大，但是随着全球化的到来，也导致民族分裂、国家认同、少数民族以及英语地位等问题不断出现。这说明社会变化要求亚洲各国的语言规划不断调适。

1. 印、巴：英语是民族身份构建的工具

印度和巴基斯坦的语言生活状况比较相似，由于共同经历了语言问题引发的民族冲突甚至国家分裂，独立之初印巴两国在官方语言问题上非常看重本土语言，一度认为“国语”优先的语言政策有助于民族重建，平衡各语族之间的冲突。于是印度 1949 年率先提出推广印地语，限制甚至取代英语。《印度宪法》(生效期为 1950 年 1 月 1 日)，关于印度的国语或国家官方语言第 342 条第 1 款规定，联邦的官方语言是印地语。关于英语，即 1965 年之前，联邦各官方场合均可继续使用英语(第 342 条第 2 款)，15 年以后拟用印地语完全取代英语（姜士林，1997）。巴基斯坦 1973 年宪法与印度 1949 年宪法惊人的相似，也首先经历了保护乌尔都语，限制英语的语言规划。1973 年的宪法承认尔都语为国语，并规定在 15 年之内安排乌尔都语用作官方语言和其他目的，而对于英语，可以用作官方语言直至安排乌尔都语取而代之(官忠明，2004)。

然而，国语优先的语言规划并没有使印、巴新政府的国家重建达到预想的效果。一方面，两国宪法虽然高举国语优先，但却无法从根本上脱离殖民文化，本质上是一种政治妥协，它的背后是希望通过满足国内民族主

义者关于提高本土语言地位的诉求，以此达到国家重建的政治目的。另一方面，国语优先政策，过高地估计印地语和乌尔都语在印巴两国的权威性，忽略了本土语取代英语需要长期性和复杂性的客观事实，不断发生的骚乱和政治运动使印巴的国家重建陷入困境。

鉴于此，超民族语言英语的工具性能突显，英语逐渐成为印、巴构建民族主义的新语言，被视为民族文化身份的工具。1963 年印度通过《官方语言法》规定，无限期地延长用印地语取代英语的期限，1965 年之后，英语将作为联邦的联系语言(associate language) 继续使用。《语言法》永久的确立了英语的官方用语地位，把英语作为全印度的民族共同语。印度目前实施的“三种语言方案”正是这一思想的集中体现。具体规定如下：

(1) 第一语言必须是母语或地区语言。

(2) 第二种语言，印地语地区是其他现代印度语言或英语，非印地语地区是印地语或英语。

(3) 第三种语言，印地语地区是英语或是没有作为第二语言学习的其他现代印度语言；非印地语地区是英语或是没有作为第二语言学习的其他现代印度语言。初小阶段学习一种语言，即母语或地区语；六年级以后同时学习三种语言，即母语或地区语言、现代印度语和英语(Tsui & Tollefson，2007) 。该法案一方面培植印度国内的多语结构，能够把印地语和其他本土语言传到全国各个地区，另一方面提升了英语在某些方面的使用。

巴基斯坦的语言规划也转而保留英语官方语言的地位。20 世纪 70 年代后期和 80 年代穆罕穆德・齐亚・哈克将军执政，他虽然被誉为“乌尔都语的保护人”，1979 年明确规定所有学校从一年级起都用乌尔都语授课。然而，1983 年也开始允许培养精英的英语学校的学生备战高级剑桥考试，给予这些学校以法律保护。10 月 11 日，他宣布不可能完全放弃英语。20 世纪 80 年代以后，巴基斯坦又首先经历贝・布托(女，1988.11－1990.8) ，政权在穆罕穆德・纳瓦茨・谢里夫与贝・布托之间也更迭了三次(官忠明，2004)。虽然乌语和英语之争仍然没有最终结束，但无论国家层面还是底层民众，对英语给予了明确的支持。

可见，英语作为民族身份构建的新语言在印、巴两国得到从上至下的全民认可。英语娴熟的精英集团不仅成为直接、主动推广英语的力量，地方民族主义者出于保护本土语言、反对将乌尔都语强加于全国人民的政治诉求，更是间接地成为英语传播的幕后推手。此外，随着全球化发展的需要，英语作为国际语言，在与发达国家进行经济贸易和科技文化交流中具有不可比拟的优越性和长远性。在国内，英语中立性特点有助于印、巴达到多民族整合重建的政治目的；在国际上，立足可持续发展的长远利益考虑，英语更是拉近印、巴与西方大国的语言距离、向大国迅速靠拢的有效手段。所以，印、巴政府保留印地语和乌尔都语官方语言地位的同时，重视中立语言英语的多元语言规划更符合印、巴两国的实际。

2. 新加坡：英语是实用主义的价值体现

新加坡政府对于敏感的语言问题一直是以慎重、灵活和实用主义的态度。与印、巴不同，虽然新加坡也同样认为英语对避免种族利益冲突，维持并发展和谐、统一的文明社会具有重要意义，但新政府在制定语言规划时，更多从实用主义的立场出发，把英语看成一种商品资源。第一，英语是金融、高级商务和国际贸易语言，而新加坡是东南亚的金融、贸易和交通中心，所以英语相当于新加坡的经济命脉。第二，新加坡周边国家和地区历史上都曾以英语为官方语言或实际上的族际共同语，所以掌握英语就等于拥有所谓“外援人口竞争力”的优势。第三，英语也是现代科技的主要用语，对追求新科技不遗余力的新加坡而言，英语作为软实力，是不可缺少的、获取第一手科技信息的工具。

因此，在实用主义意识形态主导下，1963 年新加坡并入马来西亚成为马来西亚联邦的一个州时，新加坡政府便在其州宪法中明确地把马来语、华语、泰米尔语和英语这四种语言均规定为新加坡的官方语言。1965 年新加坡独立之后，新加坡政府在对原来的州宪法进行修订时，这一政策也原封不动地保留在新宪法中。但把之前奉行的“多语并存，马来语独尊”改为“多语并存，英语独尊”的语言政策。

此后，新加坡还经历了一系列围绕提升英语地位的教育整改。1968 年教育体制的调整中，政府对当时的教育体制进行评估后，做出调整和分流的决定，特别强调英语作为教学语言和非英语作为教学语言的学校第二语言的教学。1978 年政府认为 20 来所实施的双语教育未产生预期的效果，又进行整个教育体制的评审，并于 1980 年和 1981 年, 将新教育体制在小学和中学实施，目的是使大部分学生能通晓两种语言，把英语作为第一语言学习，把马来语、华语和泰米尔语作为第二语言学习；最优秀的学生可以同时把两种语言作为第一语言学习和掌握。如果学生没有能力学习两种语言，那么学生或选择掌握“第一语言”英语或“第二语言”华语；种族间的交流更多地使用英语。1987 年，初中入学的要求是每个学生必须会讲英语。

同一年，政府规定从小学一年级开始，英语教学按母语的地位对待，各种族的母语按第二语言对待。1990 年高等教育机构全部实行英语授课(刘满堂，2000)。

可见，从上至下的英语独尊的语言规划已使英语成为新加坡的主要官方语言，是唯一的法定的基础教育和高等教育的教学语言，在学校英语的地位是第一语言，而其他语言则是第二语言，英语在新加坡社会的地位在不断上升。

3．菲律宾：英语是庇护主义的政治产物

菲律宾当前的语言生活状况是在自身历史的长期积淀以及外来力量的刻意移植和诱导下形成的。与新加坡等国相比，菲律宾无法成功应对现代化挑战，社会经济状况和政治状况都相带有严重滞后性，其根本原因在于它一直坚持政治庇护主义。庇护主义是一种封建主义，强调护主的利益，所以必然导致财富与权力的不平等。美国与独立后的菲律宾就是这种微妙的庇护关系，这使菲律宾历届政府在政治上、经济上和文化上均无法摆脱美国的掣肘，也因此菲律宾成为美国在太平洋地区重要的军事基地和在亚洲推行美国式民主的橱窗。尤其在语言文化方面，殖民时期美国带有“欺骗性”的殖民统治，使其西方文化和语言更易接受，其影响也更加根深蒂固。对于菲律宾，英语的价值与使用一直被鼓励，是现代化的主导者和推动者。无论从殖民时期强制性推广宗主国语言到振兴民族语言，从单一语言到多元语言，从侧重语言的政治性到语言的发展性等，虽然国家主权主导着语言政策的取向，菲律宾各届政府对语言政策的态度不一，直接导致了语言政策的不连贯，但是英语的推广与重视不曾被忽视。

例如，1935 年菲律宾自治政府成立后，全国曾掀起发展国语、取代英语的爱国运动。1940 年自治政府希望通过教育法令和第 58 号法令，对公立小学教育制度进行了修订，要求小学必须由学习英语转为学习他加禄语。1946 年独立后的政府也积极推广他加禄语。宪法正式将他加禄语更名为“菲律宾语”。然而反帝思潮下的废止英语、扶持本土语言的措施并没有动摇英语在菲律宾的官方语言地位。1973 年宪法规定英语和菲律宾语同为官方语言(Antonio & Lionel，2006 绿皮书)。1974 年，双语教育政策出台，规定英语和菲律宾语同为基础教育和中等学校的教学用语(Bernardo，2004)。2001 年，格罗莉亚·阿罗约上台后意识到国民英语能力有下降趋势，于是由众议院通过新法案，制定新的语言政策。2003 年 5 月 17 日，总统阿罗约公布

第 210 号行政命令“确立加强英语作为教育系统主要语言之政策”(叶萍，2010) 。

可见，庇护主义思想一直左右菲律宾语言政策的走向。英语被菲律宾人视为独特的殖民遗产，它不断地协调文化认同与国家生存的关系。菲律宾语言政策的语种多元化战略，既通过强化国语增强了民族认同感，同时也通过重视英语，造就了他们独特的语言优势，为国家获取了巨额财富。只是菲律宾政治、经济和文化上过于依赖美国霸权，这也是阻碍其实现民主化、应对全球化的诱因。

二、以亚洲英语为第二语言的国家或地区为例

对于马来西亚、孟加拉、斯里兰卡和中国香港，多语种的存在同样严重响民族意识的统一与发展。但与印度等四国不同，他们在进行民族构建的过程中，一直秉承建立一种共同语言、塑造一种为全民族所接受的语言去培养全民意识。那么究竟是什么原因促使这四个国家或地区在官方语言的选择及推广上，甘愿冒着引发族际冲突的风险，制定单一语言政策，并将英语官方语言的地位降级为第二语言？笔者认为有如下几方面的原因。

（一）民族主义的逆袭

马来西亚、孟加拉、斯里兰卡和中国香港都是多民族多语种的国家或地区，但与印度等四国不同，他们在摆脱殖民统治、进行权力转换过程中，国内数量上占有绝对优势的原住民最终战胜其他民族成为政治力量，如马来西亚的马来人，孟加拉的孟加拉人，斯里兰卡的僧伽罗人以及中国香港的华人。这些族群由于殖民时期并没有受到英国殖民者的重用，民族语言也一直被排挤，所以后殖民时期这些族群掌握政权后，族群文化的民族主义者进行了完美的逆袭，不仅抛开殖民地语言的官方语言地位，而且全心致力于把自己的文化上升到意识形态的高度，并以这些族群的文化作为民族整合的基础。因此，后殖民时期，政权转移到数量上占有绝对优势的原住民手中，为本土语言文化的强势回归提供了有利契机。

1．马来西亚

在马来西亚，马来人和其他土著人占 65%，华人占 26.0%，印度族和其他民族只占 9%。(王波，《马来西亚的英语教育与传播》) 。鉴于这样的民族比例，马来人一直是优势群体，但殖民时期，国家的政治经济权利一

直掌握在讲英语的人手里，而且讲英语的人基本上都不是马来本土人，大部分属华人及印度人，且这大部分人居住在市中心，只有少部分上层马来人才能和他们一样接受英语学校的教育。所以，独立后马来人掌握掌权，马来族不但成为马来西亚的标志，也是能够影响语言及民族政策制定的实力群体。他们认为只有通过将马来语立法成为国家语言和官方语言的途径，才能保障独立国家的教育和行政权力，马来人才有获得应有的语言权力和经济机会。

2. 孟加拉

孟加拉国是由一个主体民族和 20 多个山区部族组成的多民族国家。从人口统计上看，孟加拉国的主体民族虽然是孟加拉族，占全国人口的 98%，但印度殖民时期，当时英殖民政府在军队、官方语言、教育等方面一直实行歧视穆斯林的政策(约希，1986)，导致孟加拉精英上升道路受阻，长期排斥英国的殖民统治,拒绝西式教育并坚持不在殖民政府任职。1947 年到 1971 年东巴基斯坦的政治经历又表明，孟加拉人的权益一度再遭到践踏。所以，孟加拉建国后，孟加拉人掌握政权必然为孟加拉语争得适当的法律地位，极力为孟加拉族人在行政、立法、司法、经济、教育等部门和军队的任职方面争取到平等的权利；而殖民地语言英语的官方语言则遭到极度的排斥。

3. 斯里兰卡

斯里兰卡主要由占全国人口 82.19 %的僧伽罗人和 8.19 %的泰米尔人组成。这样的民族独立后构成原本不会引发民族冲突和语言纷争，追踪溯源是英国统治时期刻意遗留的历史问题。殖民时期，由于印度泰米尔人亲英的关系，英国政府对斯里兰卡的泰米尔人非常信任，而僧伽罗人则不受重视。但二战后，斯里兰卡即将独立，英国由于担心斯里兰卡如果由泰米尔人掌权，会与印度联成一体。于是，英国人在撤离前巧妙地进行了许多有利于僧伽罗人的安排，使斯里兰卡独立前基本上由僧伽罗人在政府中担任要职。鉴于这种殖民政权交替的刻意安排，斯里兰卡建国僧伽罗人掌握权力后，一直担心泰米尔人危及僧伽罗人占优势的中央集权，想方设法排斥泰米尔人和泰米尔语言，尤其是规定僧伽罗语为唯一官方语言。所以，这种僧伽罗人的民族主义回归进一步加剧了斯里兰卡对立社会集团之间紧张和不协调的气氛，为内战爆发埋下隐患。

4. 中国香港

从香港客观的语言环境看，九成以上是华人。但由于英国的殖民统治，1997 年之前华语尤其是普通话在香港并不是顶层语言。为了避免影响港人对英国政府的向心力，英殖民者基本上实行“独尊英语”的语言政策，对其他方言是听之任之，对普通话是敬而远之，所以英语一直是香港经济和政治的价值取向；而方言粤语一直是优势方言，这也许和身份的认同有绝对关系，其他方言被迫或自愿同化。所以，香港的华人虽然分属不同方言民系，但除了殖民地语言英语，本土语言只有粤语成为香港人的强势语言，普通话根本没有法定地位。在这样一个语言生活的背景下，1997 年 7 月 1 日香港恢复主权后，在“港人治港”政策的驱动下，普通话教育必然成为总体语言政策的重要组成部分，这无论从中国的政治还是经济层面上讲，推行普通话都是大势所趋。所以，权力转换和民族情感的增强是普通话成为香港顶层语言的必要前提。

（二）一元论与英语价值需求的博弈

马来西亚、孟加拉、斯里兰卡和中国香港，在恢复主权后都选择的是由统一语言的方式来为多元种族国家或地区铸造共同的民族意识，所以分别将马来语、孟加拉语、僧伽罗语和华语定为官方语言，英语规定为第二语言。那么这四国或地区在摆脱殖民统治后为什么选择民族文化的一元论？是英语在这些地区没有价值需求吗？还是它最终是民族语言和殖民语言之间博弈的结果？

第一，文化一元论是民族身份构建的政治诉求。与印度等四国不同，马来西亚等四个国家或地区民族的力量对比，及其所使用的语言的功能大小并不相当，基本上都存在一个民族在数量上占绝对优势，即马来人、孟加拉人、僧伽罗人和华人。所以马来语、孟加拉语、僧伽罗语和华语。相应地，这些语言在与其他文化的相互碰撞中，通过得到各国或地区政治上的更多支持与帮助，已成为多元文化社会中的强势语言。这说明后殖民主义时期，这些强势语言在马来西亚等地充分扮演了英语在印度等四国“中立”语言的角色。在各国或地区民族构建的过程中，它们是国民团结的基础，能把分散的、刚摆脱殖民压迫的社会整合在一起，通过促进所有族群融合，使在地理上并不紧密相连的多民族产生休戚与共的一体感。基于这种理念，马来西亚等地在独立后纷纷推行“一种语文，一种文化，一种民族”的语言政策。

对于马来西亚，自 20 世纪 60 年代开始，马来政府积极塑造一个马来西亚国民身份，提高马来文的地位，并通过学校和教育政策推行种族国民化， 实行文化转移，以期促进社会同化。所以 1957 年马来西亚独立后，政府就集中致力于塑造一个以马来文化为基础的国家，推行“教育马来化，教育本地化”，强调“一种语文，一种源流”，使马来文逐渐取代英文，并确定马来语的官方语言地位。然而，独立后的前十年，英语仍被用作官方语言，英语官方地位被取代并没有一蹴而就。这期间，政府首先以颁布法令提高了马来语的地位规划。如 1960 年的《拉曼达立报告书》要求政府实行全民免费的小学教育，中学分为全津贴中学和私立中学，前者以英文或马来文为教学媒介语，由政府拨款；后者由民间筹款开办。再如 1961 年的教育法令规定，国民中学必须以英文和马来文两种语言的一种作为教学媒介语，所有国民学校采用统一的教学课程。直到 1967 年《国语法案》的颁布，这是马来西亚历史上十分重要的语文法令，深远地影响了此后全国年轻一代的教育方式和语文使用的选择。 它规定马来文为马来西亚唯一的官方语文，马来文和英文并行的过渡期正式结束。自此，马来文的教育地位大幅度提升，英文降为第二语言的地位(莫顺生，2000)。

同样，民族建构也一直是孟加拉建国的四大原则之一，力求建立一个单一的民族国家(张汝德，1999)。因为从历史进程上看，在官方语言等重大问题上，孟加拉族人的权益一再被印度和巴基斯坦的决策者忽视，没有被认真、诚挚地加以考虑。所以，1971 年孟加拉独立后，国家宪法规定孟加拉语为官方语言，并将其作为教学语言(Tollefson，2007)。然而，由于印度三语教育体系的存在，英语作为全民教育的教学语言并没有马上被取代。在孟加拉语学校，英语依然是学校的必修课；在英语学校孟加拉语更多用于信息交流，而英语作为课程教授。1974 年第一国家教育委员会发布的一份有影响力的报告，提出孟加拉语是民族精神的集中体现，这为孟加拉语作为教学语言提供了理论依据。但与此同时，报告也指出，英语将继续作为高等教育的教学语言，直到殖民教育体制彻底转变。此外，委员会还建议英语教学应强调语言技能，而不是文学或文化知识。很明显，孟加拉的语言规划主要还是以构建孟加拉族的身份为主。英语没有被完全抛弃，一方面有印度教育的历史遗留问题，另一方面与英语自身的价值需求有关。

对于斯里兰卡，英国将政权转交给以僧伽罗人为主的土著精英以后，单一国家的思想不断得到加强，其主要目的是建立一元民族国家。首先，

1956年斯里兰卡僧伽罗民族以牺牲泰米尔人的利益为代价，通过《官方语言法案》将主体民族语言僧伽罗语定为唯一官方语言，将主体民族的文化凌驾于其他民族之上。在强化一元政治体制的过程中，1972年新政府还宣布制定《共国宪法》，再次重申僧伽罗语在公共生活中的重要地位，而且废除了原来的宪法中保护少数民族权利的条款，同时在高等教育和政府雇佣机会上限制泰米尔人(Chandra，1989)。虽然历届政府在语言问题上都大伤脑筋，对泰米尔语的使用做了修改和补充，但是文化一元论是斯里兰卡解决民族冲突的主要障碍，如果这种矛盾不从根源上解决，斯里兰卡的紧张局势很难缓解。

中国香港与马来西亚、孟加拉和斯里兰卡不同，它不是一个国家，而是中国领土不可分割的一部分。中国对香港恢复行使主权后，虽然香港实行资本主义制度五十年不变，但中国推广普通话已列入宪法，普通话是法定语言。这一点，适用于全国，同样也适用于香港。语言文字的问题涉及国家的统一，民族的团结，所以香港主权回归中国后，从语言规划的层面，中文成为第一语言，英文由第一语言变为第二语言。1997年《中华人民共和国香港特别行政区基本法》第九条也明确规定："香港特别行政区的行政机关、立法机关，除使用中文外，还可以使用英文，英文也是正式语言"(柴改英，1998)。2005年12月《检讨中学教学语言及中一派位机制》工作小组发布的报告中也多处注明英文为第二语言(萧炳基，2001)。由此看来，香港当局有意加强民族语言的官方语言地位，将英语定位成第二语言的决心是非常坚定的。

第二，英语的第二语言定位是国家与人民政治需求制衡的产物。马来西亚等四国或地区政府虽然构建"一种语文，一种文化，一种民族"的愿望迫切，但随着马来西亚等地强势民族的经济竞争能力提高，种族矛盾相对缓和，社会比较稳定，统治者重心逐渐放到国家发展的政策上。他们不再一味追求单一的肤色、单一的语言、单一的信仰，而更看重各种文化的和谐发展，这是一种现代意义上的民族融合方式，各民族也更易于接受。所以政客希望借助统一的英化教育制度和媒介语来增强国民的合作与了解，拉近多元教育系统下的差异。这也是20世纪后期的语言政策使英语从谷底开始回升的一个动因。不过，我们也应该看到，这种政治策略是在保证"教育本土化"和"一种语言"语言政策的前提下，重新启用英语，民族语言的官方地位并没有被撼动。所以，将英语定位成第二语言，本质上是一种政治上的需要，是统治者与多民族需求制衡的产物。

19 世纪 80 年代以来，马来西亚改变过去执行“一种语文、一种文化”的政策，政府为了争取华人在政治上的支持，实施了比较宽松的华人政策(洪丽芬，2008)。除了在经济和文化政策上展示公平友善的姿态，在语文和教育上也出现了比较开放的现象，在继续保持马来语为国语的同时，积极鼓励学习和使用英文、华文，提倡通过多种途径提高国民的文化素质，并拨款发展华、印两族的文化教育。

20 世纪 90 年代，孟加拉政府认识到建立单一的民族，加深了主体民族与少数民族之间的民族矛盾，加大了国家安全和国内建设的危害性，于是逐渐调整了民族和教育政策。一方面实行了同山区部族民代表进行停火、和平谈判等新的民族政策(张世均，2008)，另一方面积极鼓励对于英语作为第二语言的学习(Tollefson，2007)，希望借此缓和主体民族与少数民族的矛盾。

对于斯里兰卡，语言从来都是主要的政治问题。它既是文化的载体，也是民族的主要特征之一。语言问题牵涉到一个民族的每个成员，处理不好就会伤害一个民族的自尊心，就会激起一个民族全体人民的反对。独立之初的“僧伽罗语为唯一官方语言”的法案给僧伽罗语以首要的地位，但也同时引发了大规模的骚动，斯领导人班达拉奈克也在颁布语言法案一年之后被杀害。为了更进一步传承斯里兰卡的文化遗产，更将促进民族融合和团结，近 30 年旷日持久的战争之后，斯里兰卡从唯一的僧伽罗语，到僧伽罗语和泰米尔语同时成为官方语言，到 1987 年《宪法增补法案》英语成为僧泰两种语言的联系语言。所以，三种语言计划很微妙地利用了英语一这个同阶级分裂和社会歧视斗争的最好武器，不仅丰富了文化也促进了民族的整合。

香港的语言生活自成一格，深具特色，所以香港的语言文字规划首先要处理好普通话和粤语的逻辑关系，否则引起港人和中国大陆人民之间产生隔阂。普通话是汉民族共同语，粤方言是一种方言，是汉语的地方变体，与吴方言、湘方言、赣方言、客家方言、闽方言、北方方言等并列。因而普通话和粤方言不是双方言，在逻辑分类上不在一个层次上，这是首先要明确的理论问题。第二，1997 年之前，香港地区的普通话没有法律效力，流通的语言一直是以粤方言为主，这主要是英国殖民统治的历史和中国大陆的移民造成的。第三，中国宪法规定普通话为法定第一语言，但香港回归后考虑到粤语是他们的母语和地道的身份认同，并没有强令执行推行普通话，认为这需要一个过程。所以，特区政府对外宣布教育的语言政策是“两文三语”，即能说英语(国际语言) 、粤语(社区通用语) 、普通话(国家语言）。可见，香港政府在处理普通话和粤语方言的问题上比较灵活，既考虑到香港是祖国不可分割的一部分，用普通话作为共同语有利于政治统一、民族团结，也认识到粤语是地区民族身份的认同。这样的语言政策有效消除了英政府对香港和中国大陆有意无意间制造的语言障碍和感情上的隔膜，推动香港经济实现了真正意义的腾飞。

第三，经济全球化是英语地位提升的价值取向。一种语言地位的提升与传播，其根本的动因在于需求，这种需求来自方方面面。20 世纪 90 年代经济全球化的大背景下，英语的国际化促使马来西亚等国或地区语言政策发生了变化，这其中语言的市场价值起了越来越大的作用。

马来西亚 2003 年的语言政策有了一个大的改变，英语正式成为国民学校和国民型学校里数学和科学科目的教学媒介语。这是英语自 1970 年失去教学媒介语言地位逾 30 后的大翻身。马来政府的理由是英文是吸收科技知识的重要语言。只有提高青少年的英文程度，才能提高国家的竞争力，面对全球化和信息时代的挑战。这种改变是从小学一年级、中学一年级以及大学先修班一年级在 2003 年 1 月同时开始实行，并且逐年类推。同时，教育部也已经计划在 2008 年以英文为所有技术学院里技术科目的教学媒介语(Wah Kam & Ruth，2004)。

在孟加拉，英语也可以说是一门重要的第二语言，它在经济领域使用广泛，是为了能适应社会全球化的发展，满足国家发展的需要。2000 年教育委员会的报告指出，孟加拉语和英语二者并不冲突，具有各自不同的语言价值。孟加拉语是民族身份的体现和孟加拉独立运动的基石；另一方面英语是全球化过程中获得国际商业、科学和技术的有些途径。此外，英语还是国际救援组织的工作语言，由于 20 世纪 70 年早期孟加拉经历残酷的内战和洪灾，如果孟加拉国掌握英语的人才增加，能给孟加拉国带来更多的收入(Wah Kam & Ruth，2004)。

20 世纪 70 年代，全球化的迅速扩张，英语在斯里兰卡政坛有着不可思议的魔力，几乎所有人都要求说一口流利的英语。经济上，随着斯里兰卡向外国投资的开放，英语也逐渐取代大学文凭，成为获得高薪工作的首要标准。虽然斯里兰卡曾经被葡萄牙人统治，然后是荷兰人，最后才是英国，但英语对斯里兰卡有其他语言无法相比的影响。2012 年斯里兰卡启动了一个 10 年计划，使斯里兰卡成为一个人人通晓三种语言的国家。斯总统还宣布“2012 年为三种语言年”（唐鹏琪，2013)，使每个斯里兰卡人熟练掌握僧伽罗语、泰米尔语和英语。总统早年就倡议要启动英语教学，使英语成为每个斯里兰卡人一生都熟练的工具。

在全球化的背景下，英语作为国际间经济和文化交往的首位语言，也渗透和影响着香港这座融合了东西方文化的国际城市。所以1997年香港回归之后，语言规划虽然强调“中文为主”，但并不是完全忽视英文的作用，“两文三语”的提出就是最好的证明。一方面英语作为国际语言在香港对外商贸、科技交流、法律事务中发挥着不可替代的作用，它的扩张也成为不可避免的事实；另一方面，中国政府认识到盲目抛弃国际语言并非明智之举，这会陷入狭隘民族主义泥滩，阻碍香港社会乃至中国的进步发展。

三、以亚洲英语为外语的国家为例

泰国、日本、韩国和缅甸是亚洲地区英语作为外语的国家，面对全球化的挑战，他们语言选择的动因不一，笔者主要从殖民历史、民族构成和意识形态等三方面逐一探究。

第一，从殖民历史看，泰国是亚洲免于殖民为数不多的国家之一，这在第四章已详细探讨；韩国虽然经历了殖民，但与英美两国无关，所以英语从根源上对其影响并不深远；日本二战期间以侵略者自居，不涉及语言被殖民的问题；缅甸虽然曾遭受英国殖民统治，但属于殖民地中的殖民地，英政府和缅甸的关系并不十分密切，反而导致缅甸独立后总统吴奈温实行封闭的仇外政策。因此，英美殖民与否以及殖民的深度和广度是影响后殖民时期，亚洲国家英语地位等级很关键的一个历史因素。

第二，从民族构成看，日本和韩国属于单一民族的国家，其民族人口结构为单核心型，即某一民族在该国的人口数量中占绝对优势。这说明日本和韩国民族语言具有较悠久的历史和较为丰富的文化积累，所以当这两国的主体民族语言被选为官方语言，一般不会引起其他少数民族的反对，这种语言规划政策对该国的民族关系一般也不会产生消极影响。因此，对于日本和韩国，英语一直处于国家的核心语言之外，以外语自居。相比之下，泰国和缅甸是多民族多语言的国家，民族构成相对复杂。后殖民时期，英语之所以定位成外语与它关系不大。

第三，从意识形态看，语言是建构和体现国家意识、表达国家感情的基本工具。泰国等四国都非常重视英语的传播问题，对其进行有目的、有计划、有组织的干预和管理，使之更有效地为社会政治服务。所以，制定相应的语言政策不仅体现着国家对英语的根本认识和态度，反映着国家在调节个人、集体等社会关系方面的整体能力，也蕴含着国家意识、社会价值取向等诸多重要内容。泰国将英语定位成外语，主要从国家生存、国家安全的政治层面考虑；韩国的语言规划不仅从国家共同体的政治层面出发，也有实用主义思想层面的考虑；对于日本，大和民族意识形态的思想层面对语言规划起着关键的导向作用；缅甸英语的地位则是民族主义影响下的仇外政策和社会主义纲领双重社会意识形态支配下的产物。

1．泰国

泰国引进外语学习是关乎国家生存的无奈选择。泰国是一个小国，人力有限，既然不能与列强进行正面对抗战争，外交方面必须八面玲珑，学习强国的语言。这最早可以追溯到素可泰朝代，当时就有学习外国语言的记载，尤其是泰国拉玛四世时期，为了国家的发展和生存，国家就将英语视为外语进行教学，旨在师夷长技以制夷；拉玛五世统治时也明确规定课程中必须有外语教学。二战后泰美关系特殊，更是助长了英语地位的一路攀升。1960 年泰国推行新学制后，英语即被列为高中核心课程。1978 年基础教育课程改革引入学分制后，英语暂时沦为和其他外语语种一样的中学选修课程，但是在 1989 年新课程改革中，英语又享受到了特殊待遇，被单独提前到小学开设。1996 年更是规定从小学 1 年级开始就须开设英语，并把英语定为小学必修课程(冯增俊，2004)。虽然这些语言政策实非所愿，但正是因为泰国引进英语，才使泰国得以周旋于西方列强之间，成为东南亚唯一没有被殖民的国家，同时也正是这种选择成就了泰国今天的发展。时至今日，泰国依然清醒地认识到，在世界经济背景下，泰国必须和那些操英语的国家携手合作，实现共赢才是王道。

此外，泰国将英语定位成外语主要考虑到是否涉及泰国的国家安全及利益。政治格局的变动会带来很多新的变化。比如国内政治因素，在泰国永久定居外国人，他们因宗教信仰的不同会发生冲突，或者更严重的可能发生动乱，因此当局需要学习那些英语等外国语言，允许建立华文学校教汉语、伊斯兰学校教阿拉伯语、马来语等。对于外部政治因素，如西方列强的殖民侵略，导致泰国人必须了解西方语言，特别是英语，才能知晓西方各国的具体国情。避免与大国的冲突，是推动外语教育政策的关键原因。

2．韩国

韩国强烈的国家共同体意识是促使英语作为外语学习的主要动力。后殖民时期韩国民族的单一性，殖民历史的悲情记忆，国家分裂的现实刺激，悠久的国家统一历史，都激发了韩国人的共同体意识以及使其存在价值得到认可的决心。因此，韩国在积极倡导自我文化认同的同时，努力接受并积极融入西方世界的地理构图和文化架构。从战略决策机制方面，2006 年 11 月，韩国政府出台要求所有中小学英语课教师分阶段完全用英语授课的革新方案。此外，为了确保建立科学的英语战略决策机制，韩国还建立了一支有组织的专业教育咨询专家团队和研究机构，由国家课程与评价研究院负责全面指导韩国英语教育，制定英语教育课程标准并负责实施国家级的英语考试。从课程设置改善方面，新的外语课程于 2009 年春在全国实施，首先从小学一、二年级和初、高中一年级开始,以后逐年向高年级推进实施(李水山，2007)。

韩国政府重视英语战略发展，也有实用主义意识形态的考虑，韩国政府将国民英语水平视为参与国际竞争和促进经济发展的重要因素。因为随着韩国经济和社会的发达，必然会增加与国际社会的交流和联系，这客观上要求韩国必须成为国际型国家。所以早在 1995 年 5 月 31 日，为了加强世界化、信息化教育，韩国总统教育改革咨询委员会制订了《建立新教育体制的教育改革方案》，其中要求从初中开始就加强英语的教育。现任总统李明博在其就职典礼演说中特别提到“要大幅提升学校英语教育，强调英语能力是鼓励国际企业到南韩投资的关键(张航，2009)。为此，韩国从小学三年级起就开英语课。

3. 日本

后殖民时期，日本主动将英语规划成外语客观上与日本的民族个性关系密切。日本是一个时刻追求路标的民族。二战结束后，虽然日本战败，但很快日本为本国定制新的发展方向——脱亚入美，即通过依附美国，在各个领域学习美国。日本借与美国有关的朝鲜战争和越南战争，不仅大发战争之财，而且实现了经济的腾飞，上世纪 60 年代末日本经济已一跃成为资本主义世界第二号经济强国。不过 60 年代后期，由于日本经济实力的增强，日美经济摩擦也随之增多，这种国际局势使日本既羡慕又害怕和担心。鉴于此，日本重新拟定新的路标，即谋求独立自主，重返亚洲，试图建立领导亚洲的霸主雄心。而大力发展英语正是这一时期推进日本快速发展的有力途径，日本以后的各个阶段进行多项改革，使英语传播呈现出多元化的发展态势。例如，二战结束到 20 世纪 60 年代末的日本英语教育，侧重对学生英语学习个性和能力的培养，从学生的需要出发，把主动权交给学生，课程设置灵活化；70 年代的日本英语教育，由于高考的需要，几乎所有中学都开设英语课程，英语学习得到空前的重视；80 年代，日本成为世界经济强国，为了培养国际化人才的需要，日本英语教育在教育目标、内容、方法和教材编写标准等方面进行了改革。90 年代日本英语教育呈现多元化的发展态势，英语教育的起始阶段提前到小学和政府与民间合作推进英语教育等等(李天鹰，2003)。

此外，日本推广英语和韩国一样，与实用主义意识形态有莫大的关系。日本是一个很注重现实利益的民族，具有较鲜明的实用主义色彩。进行英语教育的目的必然是为日本经济、政治发展服务。二战后加强英语学习，其实带有很鲜明的目的性，旨在学习外国优秀的文明及文化，使发展较晚的日本人得以快速发展，同时提升个人素质。例如，20 世纪 70 年代，参议员平泉涉提出“平泉试案”，主张英语教育应以培养学生交流交际能力为主要目的，即学习英语要实用。21 世纪，日本政府提出培养“使用英语的日本人”的战略构想，明确了今后 5 年英语教育改革的目标，包括两个方面：

(1) 是提高全体国民的英语能力，这主要是确定初、高中阶段要达到的目标，包括对初、高中毕业生英语会话以及听、读、写等方面能力的要求。

(2) 是提高专业人士的英语能力和从事国际社会活动人士的英语能力，这主要是确定大学阶段要达到的目标，要求大学毕业生在今后的工作中能使用英语，各大学要为此设定具体的实现目标(张文友，2001)。可见，这个战略构想就是希望通过英语教育改革实现日本国民具备英语日常交流的能力以及提高专业人士从事国际社会交流的能力，适应日本经济全球化的人才要求。所以，二战后以及 21 世纪的英语教育改革，都以日本经济、政治需要的人才作为改革的基础。

4．缅甸

缅甸独立后没有像印度、巴基斯坦等亚洲国家一样选择原宗主国家的语言作为官方语言，而是把缅语定为国语，将英语一再边缘化，从官方语言依次下降为第二语言和外语，主要与缅甸吴努和奈温政府实行封闭的仇外政策和缅甸奉行的社会主义纲领关系密切。

首先，封闭的仇外政策主要源于缅甸经历过英国和印度的双重压迫，在民族主义的影响下，政府不可能采用英语作为官方语言。殖民期间的缅甸国君底玻王和王后被放逐，这严重造成了缅甸人的认同危机，而且英国采取的分而治之政策，也大大延缓了缅甸民族国家构建的进程。所以缅甸虽然是英国的殖民地，英语在缅甸曾经扮演过重要的角色，但缅甸独立后，吴努和奈温两届政府一直奉行封闭的仇外政策，导致英语在缅甸被边缘化。例如吴努政府期间，缅甸语言政策的核心是强调缅语的地位以配合缅甸民族国家的形成和实现国家的统一。在对待英语的地位上，议会政府一方面要脱离英国殖民势力的影响，另一方面由于统治精英的教育背景，把英语地位定位为仅次于缅语。所以缅甸 1947 年宪法第 216 条规定“联邦的官方语言为缅甸语，但也可使用英文”，这是在宪法中明确规定了缅语为官方语言和英语的第二语言地位(Mary，2003)。

第二，奈温政府奉行的社会主义纲领是导致英语地位等级下降的另一个诱因。奈温政府推翻吴努政府后，成立的革命委员会制定了缅甸社会主义纲领(1962－1988) ，奉行缅甸式社会主义路线。其语言政策主导思想是进一步脱离英国的殖民统治，维护缅语作为官方语言的地位和降低英语的地位。1964 年缅甸各地区小学取消了英语课程，到初中阶段才能开设，这在一定程度上再次造成英语教学水平的滑坡。直到 70 年代末，英语作为一门现代化语言才再次被强调，公立学校规定英语为必修课(李佳，2009)。

第三，全球一体化的时代特征并没有提升英语在缅甸作为外语教学媒介的地位。新时期缅政府的语言规划反映了时代的变迁：缅甸一方面仍然以开展缅语的净化、标准化和审查工作为主，借以巩固缅语的官方语言地位；另一方面，面对全球一体化的政治格局，吴登盛新政府为了向外界表明改革的决心，在继续强调缅语的同时进一步加强英语的教育，希望改善同西方国家关系，公立学校的基础教育阶段把英语和缅语都作为必修课，高中阶段英语被用来教授化学、物理、生物等科学课程(Wong，2005)。但国内掀起的学习英语的热潮也没能彻底提升英语的角色和地位，缅甸依旧被划分到“东盟英语扩展圈国家”。

第三节　后殖民时期英语传播的策略表征

后殖民时期虽然没有大规模的殖民入侵活动，但强国依旧凭借力量的悬殊针对弱国进行扩张和征服，只不过后殖民时期随着时代的发展和技术的进步，殖民方式趋向复杂多样，出现转化和变迁，殖民活动从公开转向隐蔽，从明目张胆的领土征服转向对居住在该领土上人的思想控制。相比之下，软性的同化权力比起硬性的指挥权力更加重要；硬性的权力正变得少强制性、趋于无形化。

一、硬实力的英语传播

殖民时期的硬实力传播呈强制性和外显性，主要包括政治钳制、军事占领和经济掠夺等。相比之下，后殖民时期的硬实力传播则趋于无形化和隐蔽性，主要表现为跨国公司的扩张和美国霸权机制的确立。

（一）跨国公司的扩张

由于互联网的扩散，世界上硬实力的传播结构正在发生着剧烈的变革。这种变革的核心内容之一就是跨国公司。目前，跨国公司已成为一种独立于国家的新兴势力，它的迅速扩张主要是为了增强西方大国的经济实力和政治干涉力，使国际政治关系的力量对比进一步有利于美欧等地区的发达国家；另一方面，跨国公司也以更为隐蔽的形式，充当了语言殖民的主体，输出了大量的价值观、政治理念以及其它意识形态，它的经济活动尤其对英语全球化的贡献不可低估，因为它在谋取超额利润的同时，更开创了范围最广、人数最多、领域最宽的学英语、用英语的新局面。无论英语国家的跨国公司还是非英语国家的跨国公司，高层要对分布在世界各国的子公司进行管理，都需要实现上情下传、下情上达，那么它迫切需要一种彼此都懂的语言来进行沟通，由英美霸权而确立了语言霸权地位的英语，充分发挥了国际普通话的功能，成为跨国公司内部研发、生产、销售等领域的通用语言。以此类推，所有跨国公司的运作，自然而然也使英语在其涉及的世界经济、贸易、工业、能源、农业、交通运输、航空航天等等广阔领域也迅速扩张成为通用语言，使以英语为交流工具的人员结构极大地拓宽，不断地由精英阶层扩展到大众阶层。因此，跨国公司构筑了全球化时期英语迅速扩张的新平台，成为通过大量语言和意识形态的输出，来垄断世界经济和政治领域的无形力量。

（二）美国霸权机制的确立

冷战的结束改变了政治地理和语言布局。美国凭借其强大的政治、经济、军事、科技的综合实力，登上了战后国际体系中权力的巅峰，成为历史上第二个全球性霸权国家。虽然殖民时期大英帝国是通过构筑地理平台和制度语言霸权这种横向扩张的手段将英语推向全球，但后殖民时期，美国则更加全面地将英语的传播朝纵向和横向立体扩张，不仅在世界地理版图上为英语开疆破土，而且在国际经济、政治、科技、文化等领域均将英语深入其中。这种全新的美国英语语言霸主地位的形成，虽然更突出地表现为一种软实力语言霸权，但与美国霸权机制的硬实力确立也是密不可分的。本节主要从地缘政治、经济、军事和联盟角度逐一探讨美国霸权机制下的英语硬实力传播。

首先，后殖民时期英语以史无前例的渗透力传到世界的各个角落，取得世界语言格局的中心地位，这在很大程度上与美国的地缘政治关系密切。美国享有两个大洋和邻国弱小的优越条件，使其成为美洲名副其实的超级大国，处于实际的霸权地位。另外，美国虽然远离地球传统的中心——欧亚大陆板块，但美国却通过欧亚均势政策，在确保地区均势和大国均势的基础上谋求世界霸权，一直保持对欧亚大陆的主导地位。它一方面遏制了欧洲的独立倾向，打压了俄罗斯的复兴势头，另一方面在亚洲，美国利用许多尚未解决的地区冲突，有意制造中日、中印、中俄、日俄等大国之间的制衡局面，从而为其在亚太地区纵横斡旋留下空间。由于美国在亚非拉的政治影响力日益凸显，使得人们不得不主动接纳、学习和运用英语，从而极大地促进了美国文化在世界各地的传播与渗透。

第二，美国的经济优势是英语成为全球主导性语言的物质基础。美国的经济优势表现在三个方面：一是经济总量优势，二是经济竞争力优势，三是经济资源的把控。第三点恰恰是掌控经济命脉的关键，谁控制了最关键的资源，谁就在经济领域握有主导权。当前最关键的资源主要包括石油、粮食和航道，而在这三个领域，美国都拥有巨大优势。可见，美国是全球经济最大的受益者，而英语作为原本全球市场的宠儿，也必然借机得以再次在全球传播。无论是经济全球化的彰显，还是推动经济全球化的途径，均突出体现了以英语为基础的重要性。

第三，军事优势是英语巩固其全球主导地位的重要保证。美国拥有最强大的军事力量，对全球安全事务长期具有主导优势，因为美国深知，凭借这种优势就能左右国际体制。所以长期以来，美国一直保持着巨额的军费开支，积累了强大的军事实力。根据美国国防部 2013 年财政年度国防预算案，美国防开支总额达到 6 139 亿美元，虽然比 2012 年财年有所下降，但仍占全球军费总支出的 4 成以上(Nina & Mona，2008)。另一方面，美国依赖自身在科学技术的领先地位，积极将它们运用在军事领域，甚至通过先发展军事技术再转化为民用技术的方式，获得了一大批先进的军事技术，使得它在航天、卫星、信息、导航、通信、航空技术等方面遥遥领先。所以，面对美国独霸的军事领域，其他国家要想深入太空战、网络战、信息战领域，要想学习美国从传统战争到信息战争、从反恐战争到非战争军事行动中所积累的作战经验，就必须大范围普及和深入推广英语。因此，在军事优势的驱动下，人们必然把英语推广到全球，使英语成为事实上的国际通用语言。

第四，美国的联盟体系是英语称霸全球的重要基础。美国在全球的主导地位是由全球性的同盟和伙伴组成的体系共同支撑的。二战结束后，美国正是凭借在全球构建强大的联盟和伙伴体系，才达到有效遏制苏联，乃至争夺全球霸权的目的。以亚洲为例。在中亚，美国以反恐战争、消除伊朗核威胁为名，加强美以同盟和美阿同盟；美国还表示愿意做蒙古的“第三个邻国”。在东北亚，美国借助“天安号事件”，加强本已松散的美日同盟和美韩同盟。在东南亚，美国借助南海问题，强化美菲、美泰、美澳新同盟等；同时美国还积极发展与越南、印尼、缅甸的伙伴关系。在南亚，美国国不断加强与印度的联系，奥巴马总统将美印关系称为“21 世纪决定性伙伴关系”，美 2012 年新军事战略报告更表示要继续加强美国与印度的伙伴关系。鉴于这种联盟格局，联盟国家必然受其背后共同利益的驱使，不仅帮助美国更容易地实现其战略目标，更使英语无形中成为主导性的联盟语言，从深度空间得到更为稳固的传播。

二、软实力的英语传播

后殖民时期，英语的传播不仅体现在硬实力传播的构建上，也含在信息技术和意识形态的软实力传播之中。软实力的英语传播是主体殖民的一种方案和策略，当人类进入信息社会，在技术力量的支撑下，信息使英语传播具有子弹无法达到的渗透力；另一方面，意识形态的深度扩张也成为资本主义国家借助精神力量开拓的殖民领地，很多资本主义国家通过娱乐和文化实现对人的思想规训，这也是英语进行空间占领的主要殖民方式之一。

（一）信息化进程中的文化渗透

后殖民时期，随着信息化技术的飞跃发展，英语在社会空间的传播实际上表现为一个非客观的关系网络。在这个网络秩序的空间里，英语正以其网络语言的优势在全球以无比强劲的势头迅猛传播，对相对弱小的民族语言与文化进行着无情的吞噬。所以，信息化时代是英语文化势力借助互联网络的渗透，使英语迅速成为网上霸权语言的契机。现在，英语不仅是全球计算机通用语言，也是目前计算机技术最发达国家的语言，而且还因为它是世界最强大国家的语言，它承载着超级大国政治、经济、军事力量为基础的文化。

正是语言这种特定文化的载体所蕴涵的文化，对非英语国家而言已经面临殖民文化的侵略，甚至出现民族语言的萎缩。由于互联网的深度扩展，西方发达国家通过网络向受众连续不断地传递文化信息，将其意识形态、价值理念强加于人，不可抗拒地影响受众对其的感受和价值判断，甚至使受众对自己民族的自尊心、自豪感产生动摇，从而达到通过“信息殖民”控制发展中国家的政治、经济和文化命脉，以巩固西方强文化的地位。所以，互联网已经成为西方发达国家特别是美国的文化产品及思想迅速传播，在国际市场上占据垄断地位的有力渠道，它有意或无意地控制发展中国家的媒介系统和文化生活，并衍生出文化帝国主义现象。

(二)“西方中心论”下的意识形态殖民

殖民时期的意识形态殖民，主要是西方国家借助强大的军事力量，通过在殖民地国家建立符合自己意志的政府，或改造一个国家的政府，使新的政府接受自己的文化意识形态，从思想上对殖民地人民进行同化，最终使这些国家在政治制度、文化价值观上成为西方国家的奴役附属国。相比之下，后殖民时期正在一个经历全球一体化的演变，它要求西方国家在新的历史条件和技术条件下做新一轮的“合理化”调配，而调配的结果就是使越来越多的国家融入“西方为中心”的资本主义体系。所以西方国家的意识形态殖民形式必然有所改变，更主要借助经济援助、政治渗透等隐性途径，从思想和价值观等意识形态的领域同化发展中国家，通过占领语言文化领域直接把“西方中心论”的意识形态渗透到这些国家和地区。鉴于此，后殖民主义时期的意识形态带有明显的“西方化”和“殖民化”的文化倾向，形成一种“西方中心论”的意识形态格局。

“西方中心论”的意识形态，具体表现为实用主义的意识形态或依附论思想。因为所谓的全球化本质上是一种带有浓厚的政治意识形态色彩的同化，以被同化一方的弱势经济、政治、文化被破坏、被颠覆作为代价，象征着强势国家意识形态的霸权。在这样的意识形态格局下，很多发展中国家无奈之下或从“实用主义”出发，通过大力推广英语，快速地与欧美发达国家建立“共同语言”，扫除通向世界市场的语言障碍，力求一方面从政治上实现国内民族和谐，国际与周边和睦相处；另一方面极大的拓宽国际市场的经济发展空间。还有一些国家选择与强势经济的国家在政治、军事、文化等多方面进行不同形式的依附，希望借助“统治国”能够扩展和加强自己。但不管怎样，实用主义或依附论的意识形态只是暂时缓解了危机。从长远角度着眼，实用主义意识形态下，英语的发展虽然极大促进了发展中国家西方文化的东来，国际化客观上冲淡了各族之间的差异，但过度的西化也让这些国家对民族特色消失和意想不到的新的政治和社会问题感到担忧。长期依附强势国家的“合作”关系也给发展中国家造成严重的殖民后果，因为这些国家独立后继续使用欧美语言作为第一语言，尤其是精英阶层，与其宗主国在意识形态方面的联结亦颇为密切，这不仅不能使这些国家的经济和文化独立发展与传承，很难摆脱西方教育的影响，而且在政治、经济上进一步受到强国经济发展和扩张的制约。

后殖民主义时期，虽然赤裸裸的暴力殖民从表面上暂时地退出了语言传播的历史舞台，但资本主义国家的语言殖民倾向并没有消失。新时期的语言传播从空间走向时间，从物理空间转向虚拟空间，从公开走向隐蔽，从硬实力转向软实力的渗透。而传播技术的发展和意识形态的殖民正是语言传播方式发生转型的关键所在。因为在信息化和全球化的背景下，处于现实空间的人借助虚拟空间突破了地理疆域的限制，使后殖民时代的语言传播速度征服了距离、权力获得了新的延伸。虽然经济上的扩张主义和军事上的武力干涉依然是后殖民时期语言传播的主要方式，但二者实际上是为了从思想上控制遥远地方的他国人民，实现对弱势国家意识形态的控制，以形成后殖民时代的意识形态的同化软力量，进而完成语言在时空秩序上的开拓与延伸。

鉴于此，硬实力和软实力的语言传播方式需要相互依赖，相互连接，共同为语言传播构筑成一个有秩序的社会空间。它不仅规约了传播主客体共同遵循的规则，而且规约了语言传播的时间、地点、内容、方式和效果。虽然亚洲各国英语的国际化程度不同，可以分为将英语作为官方语言、第二语言和外语的国家，这是因为硬实力和软实力等复杂因素的权重比例各有不同，而正是这种动态的语言传播模式促成当今的语言殖民体系，体现出后殖民时代的语言传播的新殖民策略表征。

第六章　语言传播的动态模型

第一节　语言传播的定性模型

语言既能够承担传递信息的角色，为实现其功能必须存在作为媒介的物理方式；同时语言也是一种信息，它也需要媒介来传播，而传播语言的媒介及其实现方式必定会对语言产生影响。社会语言学考察语言的传播主要是后者，它主要关心语言的扩散或者语言扩张等现象，较少关涉前者——物理传播方式。然而，笔者认为积极地借鉴传播学中的物理原理，也是一种构建语言传播定性模型的有效途径。

一、定性模型的物理原理

（一）单向传播模式

单向模式主要包括哈罗德·拉斯韦尔(1948) 在《社会传播的构造与功能》一书中提出的“5W”模式。“5W”模式即“描述传播行为的一个方便的方法，是回答下列五个问题——谁(Who) ？说什么(Says what) ？通过什么渠道(Through which channel) ？对谁(To whom) ？取得什么效果(With what effect) ？”这一简单的模式引申出传播研究的 5 个参数或 5 个内容：控制分析(谁) ；内容分析(说什么) ；媒介分析(通过什么渠道) ；受众分析(对谁) ；效果分析(取得什么效果) 。这一物理模式如图 6-1 所示。

用拉斯韦尔传播模式的“5W”模式研究语言扩散现象，可以得出以下结论：

(1) 控制分析：研究“谁”，也就是传播者，进而探讨语言传播行为的原动力及语言推广的主体。

(2) 内容分析：研究“说什么”(或称信息内容) 以及怎样说的问题，进而探讨语言推广的语言或语言变体。

(3) 媒体分析：研究传播渠道，除了研究传播渠道的性能外，还要探讨传播渠道与传播对象的关系，语言传播渠道受哪些因素制约影响语言扩散的实施成效。

(4) 受众(对象) 分析：研究庞大而复杂的受传者，了解其一般的和个别的兴趣与需要，进而探讨语言传播客体的语言态度、意识形态等。

(5) 效果分析：研究受传者对接收信息所产生的意见、态度与行为的改变等，进而探讨语言传播与推广的成效。

拉斯韦尔的模式在大众传播中获得了广泛的应用，它率先开创了传播学模式研究方法之先河。但这一模式过于简单，具有以下明显的缺陷：首先，它忽略了“反馈”的要素。它是一种单向的传播模式。由于受他的模式的影响，过去的传播研究忽略了反馈过程的研究。其次，这个模式没有重视“为什么”或动机的研究问题。在动机方面，有两种值得重视的动机：一是受众为何使用传播媒体，二是传播者和传播组织为了什么去传播。最后，重视传播者的地位，忽视、甚至剥夺了受传者的“主体参与”地位。

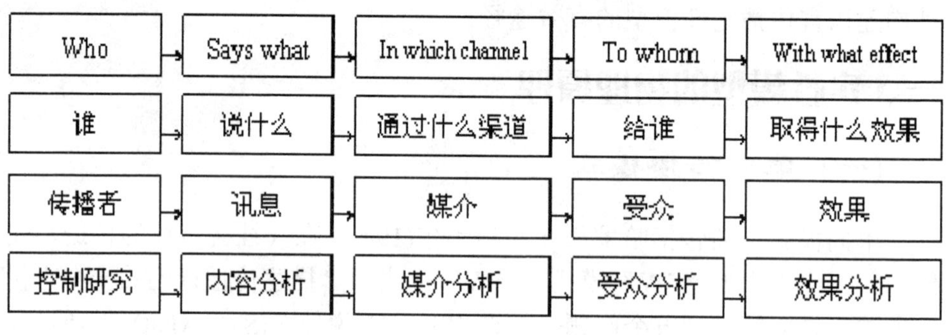

图 6-1

(二) 双向传播模式

Shannon 和 Weaver (1965) 在研究电报通信问题时，在所著《通信的数学理论》一书中提出了一个传播的物理模式，这一模式原是单向直线式的，但是，他们不久就将这一模式加入了反馈系统，并引伸其含义，用来解释一般的人类传播过程。如图 6-2 所示。

这是一个把传播过程分成 7 个组成要素，带有反馈的双向传播模式。香农和韦弗是基于通信信号传播而构建的信息传播模型，因为语言的传播归根到底也是一种信息的传播，所以我们可以用以下模式解读社会学中的语言扩散现象。从信源(语言传播主体或推广机构) 中选出准备传播出去的信息(传播的语言) ，然后，这一信息经过编码器转换为符号与信号(制定语言传播或推广政策) ，信号通过一定的信道(各国特有的语言传播环境或传播渠道，如媒体、教学等) 传送出去。在接受端，接受到信号之后，经译码器转换成符号并解释为信息的意义(语言政策的具体实施及成效分析) ，最后为信宿(传播客体) 所接受利用。传播客体收到信息后，必然在心理、生理上产生反应，并通过各种形式给传播主体反馈信息。另外，在传播过程中还存在有干扰信号(语言传播的制约因素，如宗教、种族冲突等) ，干扰信号可以影响到信原、编码、信道、译码、信宿等部分。

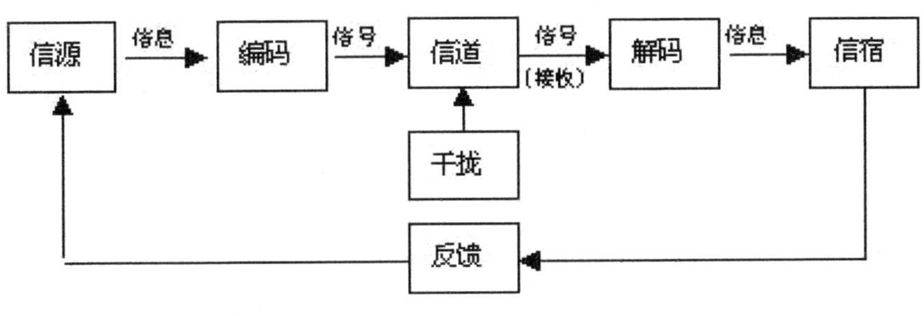

图　6-2

可见，香农、韦弗传播模式虽然是从特殊的电报通信中发展起来的，但它能用来解释人类的一般传播过程，成为其他许多传播模式的基础。它系统考虑了“信息”与“信号”之间的转换关系，运用数学模式测量信息量，信号与通道容量，同时还分析了传播中不可避免的障碍因素干扰的问题。但是，这个数学模式仅仅提出干扰可以影响信道，而在这个过程中，如何进行前期检测，以避免语言在传播过程中受到相关因素的干扰，而不是等到最后阶段通过传播客体收到信息后，给传播主体反馈信息，才对整个语言的传播成效进行评估。

鉴于此，在解释语言传播这一现象上，这两种物理模式既有各自的特色，也都存在一些不足。

二、定性模型的构建

基于以上两种传播模式，将提出一种全新的语言传播的定性模型，希望对语言扩散现象进行有效地宏观监督，对语言传播渠道的相关制约因素进行前期探测，并能提前返回相应的部分及时修正或找出相应对策。

这一模型由传播活动、制约因素和时间三个维度构建而成。在传播活动的维度上，我们可以看到语言的传播主要由传播主体、传播渠道、传播客体和传播效果四大部分组成。

（一）传播主体

传播主体作为控制语言传播的一方，始终站在较高的位置上担负着主导的角色。从图 6-3 可以看出，语言在传播过程中，传播主体主要受军事扩张、贸易占领、人口迁移、政治同化、宗教推广、文化诱惑、军事实力、经济实力和政治实力等因素的制约，而且在时间维度上，这些因素以及所占比重是呈现动态的变化趋势。

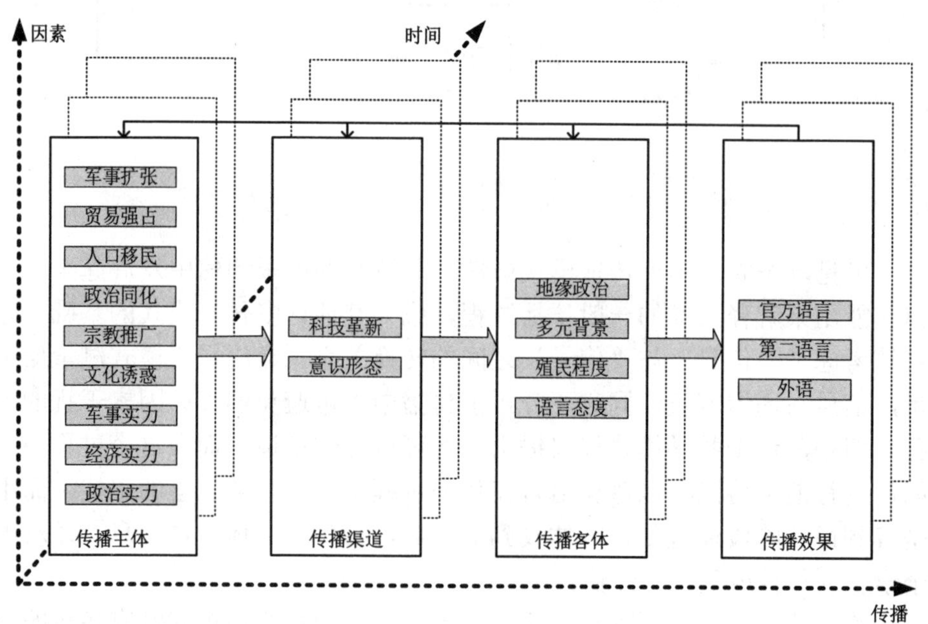

图 6-3

1. 军事扩张

军事扩张对语言传播产生了直接且深远的影响，因为被侵略的国家或地区会因为顾及军事威慑的后果，而屈服于军事强国的统治，进而成为强势语言传播的助力。例如，中世纪盛行一时的希腊语、拉丁语和阿拉伯语都是凭借军队的长期征战；近代西班牙语、葡萄牙语、法语和英语盛行于南美、非洲、亚洲，也都是通过其陆军和海军强力推行海外扩张的结果。不过军事扩张并非是语言传播主体在不同时期促进语言传播的主导因素，随着时代的变迁，传播主体的侵略活动逐渐从公开转向隐蔽，所以后殖民时期军事扩张的比例相对减弱，从明目张胆的领土征服逐渐转向对居住在该领土上人的思想控制。

2. 贸易占领

贸易占领的利益驱动也是传播主体在海外推广语言不可或缺的一部分。希腊、西班牙、法国和英国等最初都是依托着商业活动在被侵占国家或地区进行着频繁而大规模的贸易往来，以确保在连年的争霸和混战中能长期独善其身，立于不败的地位，这对语言的传播起到了强劲的推动作用。然而，随着技术的革新和时间的发展，贸易占领的比重日益减弱，趋于无形化和隐蔽性，主要表现为跨国公司的扩张和强国贸易霸权机制的确立。一方面，传播主体创办的跨国公司以更为隐蔽的形式，在从事经济活动的同时输出了大量的价值观、政治理念以及其它意识形态，尤其对语言全球化的贡献不可低估。另一方面，强国贸易霸权机制的确立为语言成为全球主导性语言奠定了物质基础。因为谁在经济领域握有主导权，谁就是全球经济最大的受益者，而这种语言也必定作为全球市场的宠儿，借机得以在全球传播。

3. 人口迁移

人口迁移是语言传播的最直接的促进因素，它不会随着时代的变迁而改变。因为人是语言传播的直接载体，语言的传播扩散最初是通过人的交谈移动直接完成的，即使在通讯条件比较落后的时代，如果没有人口移动，语言的传播扩散也几乎无法实现。例如公元前 8～6 世纪的希腊语，若不是大批希腊的破产者去海外谋生，希腊语也不会随着移民传到地中海沿岸和黑海沿岸, 成为局部世界的通用语，进而实现语言的扩散。再如近代的西班牙语和英语等，随着15世纪哥伦布发现新大陆后，大批欧洲移民移居北美、亚洲和拉丁美洲，由于移民较当地居民有较优越的政治、经济、文化地位，同时迁移时间又较集中，所以移民所带来的语言很快渗透到当地语言中，取代当地居民语言的地位，最终成为官方语言或通用语言。

4．政治同化

政治同化是传播主体对一种语言进行推广的政府行为，主要通过在政治、经济、文化、社会意识形态等领域对被传播国家或地区进行同化，从而使该语言变成当地的主要语言，它不会随着时代条件的变化而减弱，是确保一种语言能长久传播的恒定因素。殖民时期，殖民当局为了能更有效掌控当地人、巩固殖民统治，对殖民地当地语言和文化进行人为的调节，无论是“分而治之”还是“合而治之”的语言政策，其本质都在于“同化”当地的民族教育，获取统治利益的最大化，从而更有效地钳制殖民地民众的思想，长期奴役当地人民。后殖民时期，由于没有大规模的殖民入侵活动，软性的同化权力比起硬性的指挥权力显得更为重要，主要表现为强国建立的政治联盟体系，而一种语言之所以能称霸全球正是由全球性的同盟和伙伴组成的体系共同支撑的。

5．宗教推广

宗教推广是传播主体进行语言传播的一种特殊方式，它在不同的历史时期，都以不同的表现形式对语言传播产生着影响。中古时期，宗教是语言传播主要依赖的手段，很多语言如希腊语、拉丁语、阿拉伯语、英语、汉语等传播均发端于宗教，虽然语言传播几乎不在传教者的关心范围内，然而宗教的发展却成了语言文化要素的传播媒介。殖民时期，宗教推广对于语言传播表现出明显的强制性和国家目的性。每当殖民者通过军事扩张占领殖民地之后，宗主国便以当地人思想不开化为由，把语言和宗教强制移植到新领地，究其本质是从思想上对当地人进行洗脑，稳固他们的殖民统治。后殖民时期，宗教传播多以“文化交流”“资助”等间接和隐蔽的方式推广自己的语言。他们通过教会组织深入发展中国家传播福音，以传教士和教师的双重身份想方设法吸引更多的人走进英语课堂，成功有效地发展了大批基督教信徒，既扩大了教会的影响，对语言传播的作用更是不可小觑。

6. 文化诱惑

文化诱惑是传播主体拉动语言传播的最直接牵引力。首先，一个国家如果享有灿烂而悠久的文明，那么处于文艺主导地位的丰硕文明将赋予这个国家语言优良的文化底蕴和强烈的民族向心力，有效地推进语言传播。例如中世纪盛行的希腊语，虽然希腊最终被罗马帝国征服，但希腊文化的精华却征服了罗马文化，赢得了相对稳定的语言环境，致使在很长一段时间里成为罗马有教养阶层使用的语言，并不断向外扩张。其次，一个国家如果是时尚、美食、艺术、浪漫等文化的代名词，那么这些形象将潜移默化地赋予这个国家语言独特的魅力和吸引力，直接拉动语言的传播。例如法语享有世界艺术之都”的美誉，这种诱惑致使学习者认为法语也洋溢着法国的种种浪漫风情；英语也是凭借饮食、音乐、影视、互联网等文化产业的诱惑，以轻松的方式传遍世界各个角落，使英美一举成为世界重要的语言输出国。可见，文化诱惑与军事扩张、贸易占领、政治同化、人口移民和宗教推广等传播方式不同，它淡化了殖民主义色彩，更贴合后殖民时期人们追求饮食、时尚、网络等鲜活、时尚文化的心理需求。因此，要推广一个国家的语言，首先要将这个国家的文化打造成一种精神堡垒，只有这样获得国际语言的地位才能顺理成章。

7. 军事、经济和政治实力

军事、经济实力和政治实力与前六种主观因素不同，是传播主体从事语言传播活动的客观驱动因素。因为一个国家即使在军事、经济和政治上拥有雄厚的客观条件，它也未必主动地对其他国家或地区发起军事侵略、经济掠夺和政治同化，以获取语言的传播。只不过强大的军事力量，彰显了一个国家对全球安全事务长期具有主导优势，从而能左右国际局势；雄厚的经济国力确保了一个国家把控全球资源的主导权，是成为全球经济最大受益者的物质基础；稳固的政治优势不仅能实现一个国家民族和谐，国际与周边和睦相处，更是拓宽国际政治空间的保证。鉴于此，这种在政治、军事、经济等多方面强势的国家必然吸引很多发展中国家与其进行不同形式的合作或依附，而强势国家的语言也必然客观上被广泛传播。

（二）传播渠道

语言之所以能在主体与客体之间传递，很重要的一个环节就是传播媒介或通道，其中每个传播通道中都存在影响语言传播的因素。从图 6-3 可以看出，笔者试图勾画出语言传播的渠道与语言传播之间关系，同时归纳出哪些因素在语言传播的通道中促进了语言的扩散，哪些又是制约因素，阻碍了语言的传播。

1. 科技革新

科技革新是加速语言在传播通道中扩散的因素。因为科技革命和语言传播始终呈叠加性的状态向前发展。语言在传播通道中大体经历了四次科技革新：第一次是语言变成科技符号，标志着人类语言真正开始了在时间和空间上的传播；第二次是印刷术的发明，解决了语言在传播通道中竹简、帛书等媒介笨重、符号复杂、复制困难等问题，加速了以印刷为媒介的语言传播；第三次是电报的发明，这次革新彻底突破了语言传播受时间和空间的限制，为语言传播开辟了一条便捷、高效、省钱、省力的电讯通道；第四次是互联网的发明，它除了具有其他传播的特点之外，还具有自己的主动性、参与性、交谈性和操作性的特点。因为在这个网络秩序的空间里，强势语言正以其网络语言的优势在全球以无比强劲的势头迅猛传播，所以信息化时代也为强势文化提供了快速渗透的契机。可见，语言传播活动与每一次的科技革新呈现互动互助、共进共演的状态，每一次科技革新的叠加必然成为下一次语言传播的促进条件。所以，我们可以预测，在传播通道中出现的下一次科技革新也必然将以往各自独立的单一传播转变为综合传播，将单功能的媒体转变为多功能的媒体加速语言传播。

2. 意识形态

意识形态在语言传播的过程中属于非常复杂微妙的因素，在不同的历史时期它带有不同的时代表征。在殖民时期，意识形态主要借助强大的政治、军事等力量，通过在殖民地国家建立符合自己意志的政府，或改造一个国家的政府，使殖民地当地人从思想上接受自己的文化意识形态。这个时期意识形态的特点是它并不会随着殖民统治的结束而消亡，一旦这种思想观念被殖民地模仿或接受，这种思想模式最终的结果是在心理上产生依赖性，即所谓的奴性，甘愿在实际中产生殖民与被领殖民的文化关系。所以，奴性的意识形态对于语言的传播起到促进的作用。

相比之下，后殖民时期正在经历一个全球一体化的演变，西方国家转而借助经济援助、政治渗透等隐性途径，从思想和价值观的领域同化发展中国家。由于不同国家构建民族身份的诉求不同，意识形态的表现形式也有所不同。

对于马来西亚等多民族多语种的国家或地区，虽然社会背景呈现多元化，但摆脱殖民统治、进行权力转换过程中，他们国内数量上占有绝对优势的原住民最终战胜其他民族成为政治力量。这些群体由于殖民时期并没有受到殖民者的重用，民族语言也一直被排挤，所以后殖民时期掌握政权后，全心致力于把自己的文化上升到意识形态的高度，并以这些族群的文化作为民族整合的基础。

因此，在强烈的民族主义理念驱动下，这些国家或地区的意识形态表现为一元论，在独立后纷纷推行“一种语文，一种文化，一种民族”的语言政策。鉴于此，对于这些国家或地区，一元论的意识形态在传播通道中对外来强势语言(如英语) 的扩散起到抑制的作用。

对于新加坡等国家，它们认为外来强势语言(如英语) 对避免种族利益冲突，维持并发展和谐、统一的文明社会具有重要意义，所以独立政府在制定语言规划时，更多从实用主义的意识形态出发，通过大力推广这种语言，快速地与欧美发达国家建立“共同语言”，扫除通向世界市场的语言障碍。所以，对于这些国家或地区，实用主义的意识形态在传播通道中对外来强势语言(如英语) 的扩散起到促进的作用。

对于菲律宾等国家，独立后无法成功应对现代化挑战，社会经济状况和政治状况都相带有严重滞后性，所以从庇护思想出发，纷纷选择与强势经济的国家在政治、军事、文化等多方面进行不同形式的依附或“合作”，希望借助“统治国”能够扩展和加强自己。虽然长期依附强势国家的“合作”关系也给发展中国家造成严重的殖民后果，但不得不承认，这种寻求庇护的意识形态充当了加速外来强势语言(如英语) 扩散的角色。

（三）传播客体

传播客体指语言传播活动中受众一方。理论上讲，受众对于语言传播的意见及反馈信息相对分散和弱小，几乎不能左右语言传播的主导方向。然而后殖民时期，随着现代社会信息来源的多元化和信息的多样化、复杂化，受众对语言的需求和选择有了更大的空间，受众不再是被动的客体，有时在语言传播活动中也起到主动驾驭语言传播的作用。从图 6-3 可以看出，语言在传播过程中，客体主要受地缘政治、社会背景、殖民程度和语言态度等因素的制约。

1. 地缘政治

传播客体的地缘政治客观上决定了语言的传播程度。因为地理位置对一个国家来说是不易改变，也是无法选择的。当自然地理进入到政治活动层面，在国际关系的相互作用中来考察它的各项要素时，地理要素即转化为地缘要素，这些地缘要素所具有的政治含义也相对稳定，它通常是影响世界认识或扩张这个国家的重要因素，当然也客观上决定了一些国家或地区被外来强势语言殖民的次序和语言同化的程度。

以英语殖民亚洲为例。从战略意义上讲，英国占领整个亚洲，首选是地广物博的中国。但考虑到中国过于统一强大，而且距离英国遥远，所以英国采用务实的策略，选取距离英国最近，政治又处于分裂状态，而且富庶有油水可捞的印度为中心，进行帝国和语言的全面扩张，并且以东方的香港(入侵中国的跳板)，新加坡(东南亚贸易中转站) 和中部的斯里兰卡(世界上最优良的天然海港之一) 作为其语言殖民的最重要的战略支点。如果不是法国在东面控制了印度支那(越南、老挝、柬埔寨)，整个中南半岛都成为英国的殖民地。从英国殖民扩张的方向来看，大体是向东发展的：先是印度(包括巴基斯坦和孟加拉)，斯里兰卡，然后是缅甸，东南亚地区(如新加坡和马来西亚)，最后是中国。

另一方面，地缘政治也是有效避免冲突的客观因素。例如泰国，因为没有与中国接壤的地理条件而成为缓冲国，地缘政治不仅延缓了英法对泰国侵略时间，而且使泰国最终免于殖民。再如日本，它位于亚洲的最东部，隔海与亚洲大陆相望，是个名副其实的岛国。这种地理位置使日本一方面能输入大陆文明，又能保有自己相对的独立性，所以地缘政治也客观上帮助日本避免成为欧洲列强殖民的对象。

2. 社会背景

传播客体的社会背景是否存在多元势力的抗衡，往往客观上决定了外来语言的传播扩散程度。因为如果在一个多元社会中，不同的社会成员与不同的社会集团相互叠加，必然会产生不同的价值体系，一旦这个多元社会缺乏有效的内在平衡机制，那么价值体系之间自然产生矛盾，进而导致外来文化势力的入侵。以印度等具有多元背景的国家为例，由于这些国家长期缺乏有效的政治调节机制，所以难以解决多民族和多宗教引发的一系列社会冲突，致使长期处于社会动荡和国家分裂的局面。而这恰恰为超级大国凭借自己的实力，将自己的价值体系当作唯一的价值要求强行推向世界提供了合理的契机。殖民时期，英美殖民者正是利用语言传播客体多元的社会特征，对多民族地区采取“分而治之”的政策和文化侵略手段，巧借各种势力之间的矛盾加剧殖民统治，把英语作为超种族语言广泛推广。后殖民时期，虽然这些国家纷纷独立，但始终没有一个民族在数量上占绝对优势，也没有在历史上形成国家的共同语言，所以英语作为平衡语族间竞争与冲突的中立语言，再次被推崇、被合法化，或成为官方语言或成为第二语言，持续深入进行殖民文化的渗透。

反之，传播客体如果属于单一民族的国家，外来语言相对而言很难深入渗透。以日本和韩国为例，其民族人口结构为单核心型，即某一民族在该国的人口数量中占绝对优势。这说明日本和韩国民族语言具有较悠久的历史和较为丰富的文化基础，主体民族语言具有凝聚力和荣誉感，所以主体民族语言被选为官方语言一般不会引起其他少数民族的反对，这种语言规划政策对该国的民族关系一般也不会产生消极影响。因此，英美在亚洲地区殖民对这个两国冲击不大，英语一直处于国家的核心语言之外，以外语自居。

3．殖民程度

传播客体的殖民程度主要包括时间与空间两个维度，它是一种外来语言传播是否深入的客观必要条件。理论上讲，传播客体被殖民的时间越长，外来语言植入客体的程度越深；但空间维度的语言殖民也充当关键的角色。

英语为官方语言的亚洲国家中，新加坡被英国殖民统治长达 146 年，印度和巴基斯坦总共经历了英国长达 190 年的殖民统治，所以历史的沿革不可避免地影响到独立后语言政策的制定。菲律宾是亚洲唯一被美国侵占的国家，虽然沦为美国殖民地的时间仅有半个世纪，但美国的文化侵略却相当成功，这说明外来语言殖民客体的程度与空间维度上的殖民也有密切关系。

英语作为第二语言的亚洲国家或地区中，英国惯用的“分而治之”的殖民统治对马来西亚长达 171 年，孟加拉 190 年，斯里兰卡 157 年，中国香港 155 年。无疑，时间维度的殖民对这些国家或地区恢复主权后进行民族构建和官方语言的确立也产生了深远的影响。之所以后殖民时期英语在第一组国家和第二组国家或地区有着不同的语言地位，主要与各国或地区官方政府恢复主权后对待英语的态度和做法有莫大的关系。

英语作为外语的亚洲国家中，泰国是亚洲免于殖民为数不多的国家之一；日本二战期间一直以侵略者自居，所以也不涉及语言被殖民的问题；韩国虽然经历了殖民，但与英美两国无关，所以英语从根源上对其影响并不深远。因此前三个传播客体从英语传播的角度不具备殖民这一客观必要条件。缅甸虽然曾遭受英国殖民统治，在时间维度上具备了殖民这个客观条件，但在空间维度上，缅甸属于印度殖民地的延伸，英国主观上对缅甸的语言殖民力度缺乏，所以英政府和缅甸的关系并不十分密切，导致英语传播始终没有像印度那样深入。

4. 语言态度

传播客体的语言态度决定人们的语言选择，也就主观上决定了外来语言传播的顺利与否。殖民时期，强势语言由宗主国强加给殖民地民众，客体唯有被动的接受，没有选择的权利。相比之下后殖民时期，殖民地纷纷独立，殖民地语言能否被拿来挪用或调适，亦或被搁置，很大程度上取决于政府官方的语言态度与国民思想上的支持。

对于英语是官方语言的亚洲国家，英语之所以合法化，定位成官方语言，主要有三方面的考虑。其一，独立之初各语族之间由于存在巨大分歧，“国语”优先的政策根本无法帮助民族重建，而英语作为中立语言，不为任何一个民族独有，各个族群的起点是一样的，并没有哪个族群的英语基础要优于其他族群，所以为各民族接受。其二，英语虽然是殖民地的文化遗产，但在印度等四国比亚洲其他国家更具有深厚的社会基础，殖民时期形成的社会阶层，虽有印度等四国人的血液和肤色，更有英国人的情趣、信念、道德和智慧，俨然成为地方英语霸权的力量体现。其三，英语全球化的今天，语言态度的转变也与各族群的发展需要密切相关。

对于英语是第二语言的亚洲国家或地区，英语的第二语言定位是国家与人民政治需求制衡的产物。虽然这些国家或地区构建“一种语言，一种文化，一种民族”的愿望迫切，但随着强势民族的经济竞争能力提高，种族矛盾相对缓和，统治者不再一味追求一元论，而更看重现代意义上的民族融合。所以政客希望借助统一的英化教育制度和媒介语来增强国民的合作与了解，拉近多元教育系统下的差异。这也是 20 世纪后期的语言政策使英语从谷底开始回升到第二语言的关键动因。

对于英语是外语的亚洲国家，英语定位成外语更多是从国家生存和战略安全的角度出发。这些国家虽然大部分没有被英语殖民，却努力接受并积极融入西方世界的地理构图和文化架构，这一方面出于强烈的国家共同体意识，希望借助大力发展英语教育早日实现国家、民族自身的价值，快速提升国际竞争能力并加快经济发展的步伐；另一方面，政治格局的变动会给这些国家的时局带来很多新的变化，掌握英语不仅能有效避免与大国的冲突，更能选准时机赶超大国，在政治格局中占据有利的战略位置。

（四）传播效果

语言的传播效果大体可分为官方语言、第二语言和外语。从宏观上，如图 6-3 所示的语言传播模型一方面定性地勾画出传播效果主要取决于传播主体、传播渠道和传播客体三部分包含的因素，而且这些因素的权重比例各有不同，随着时间的维度，部分因素会呈现动态的变化趋势。笔者已在前文进行定性的论述。

另一方面，这个定性模型也传达了如何在语言传播过程中进行前期有效地监控和检测。实际上按照常规理念，语言政策与规划制定得是否正确，一般只能从最终阶段的实施成效中检验，然后返回政策制定层面进行修正或重新拟定。然而这个定性模型想要告诉大家：语言传播的实时效果没有必要等到传播客体收到信息后，形成传播效果后再给传播主体反馈信息，然而对整个语言的传播成效进行评估。在这个模型中，传播主体、传播渠道和传播客体每个环节都分别受制于一些因素，政策制定者可以一一针对每个环节的制约因素进行追踪分析，提前评估每个环节的因素叠加所产生的效果，从而对阻碍语言传播的抑制因素进行及时修正，同时也能即时返回上一环节进行有效检测，监控避免语言在传播过程中受到不必要的相关因素的干扰，而不是等到最后阶段再做补救。

第二节　语言传播的定量模型

一、模型的构建

在定性模型的基础上，定量模型中影响语言传播的因素主要包括 15 个，其中主观因素包括军事扩张、贸易占领、政治同化、宗教推广、文化诱惑、意识形态和语言态度，客观因素包括人口迁移、军事实力、经济实力、政治实力、科技革新、地缘政治、社会背景和殖民程度。定量模型由以上 15 个因素构成一个十五边图形，7 个主观因素占据图形的左侧，客观因素占据图形的右侧。每个因素分别被量化为 4 个等级：强(4 分) ，中(3 分) ，弱(2 分) ，没有(1 分) 。以十五边形的中心点为起点，与每个因素连线，每条线添加两个节点将其平均分成四段，从图形的中心点向每个因素方向，4 个节点依次表示没有(1 分) 、弱(2 分) 、中(3 分) 和强(4 分) 4 个等级。

若要考察一种语言在一个国家或地区的传播情况，可以依次对这 15 个因素打分。从图形左侧看主观因素，假如传播主体在军事扩张、贸易占领、政治同化、宗教推广和文化诱惑上的分数依次为 3，2，2，2，4，意识形态的分数为 1，传播客体在语言态度上的分数为 2；同理从图形右侧看客观因素，假如传播主体在人口迁移、军事、经济和政治实力的分数依次为 1，3，2，3，科技革新的打分为 2，传播客体在地缘政治、社会背景和殖民程度的分数为 2，3，4，那么将这些分数所在的节点连线就会形成一个新的图形，对一种语言在一个时期的传播情况进行量化，如图 6-4 所示。

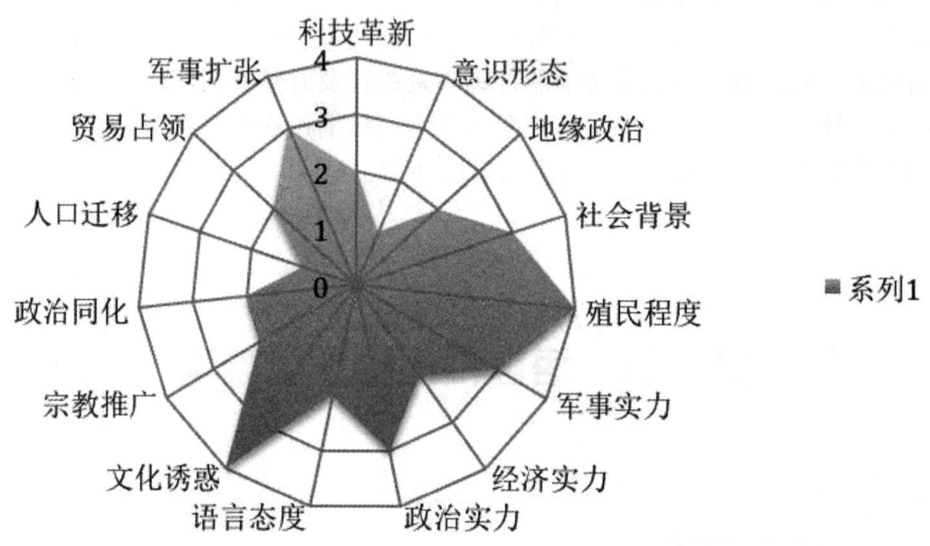

图 6-4

如果要考察一种语言在同一个国家或地区不同时期的传播情况，这个新图形也将随之变化，清晰呈现出语言传播的动态变化趋势。

当然这个定量模型也可以针对一个国家或地区，考察两种语言的传播情况。可以分别对两种语言的传播情况打分，然后画出的两幅新的图形进行叠加，这样可以直观地反映出两种语言在同一个地区同一个时期的传播程度，以及各自主要的优劣势。笔者将在第 7 章结语部分针对汉语的传播情况进行相关分析论述。

二、假设的提出

基于上文对模型的描述，笔者将提出以下三个假设：

(1) 十五边图形内形成的新图形面积越大，说明语言传播的情况越好；

(2) 十五边图形内形成的新图形如果形状偏左，说明语言在传播过程中主观因素占主导，客观因素是加强语言传播的突破口；

(3) 十五边图形内形成的新图形如果形状偏右，说明语言在传播过程中客观因素占主导，主观因素是加强语言传播的突破口。

三、等级的描述

那么在具体操作过程中，对一种语言的传播，以上 15 种因素的 4 个等级如何规范？笔者将以表格的形式对 15 种因素 4 个等级的标准进行具体描述。

表 6-1　因素量化等级表

	强(4 分)	中(3 分)	弱(2 分)	没有(1 分)
军事扩张	主体实施军事扩张，殖民程度深，对独立后的客体仍有震慑力	主体实施军事扩张，客体曾经是其殖民地	主体实施军事扩张，不曾殖民	没有实施军事扩张
贸易占领	主体进行贸易占领，客体是其贸易核心区	主体进行贸易占领，客体是其贸易重要区	主体实施贸易占领，客体是其贸易辐射区	没有实施贸易占领

续表

	强(4 分)	中(3 分)	弱(2 分)	没有(1 分)
政治同化	主体进行政治同化，殖民程度深，对独立后的客体语言规划仍有很深影响	主体进行政治同化，客体曾是其殖民地	主体实施政治同化，没有殖民客体	没有实施政治同化
宗教推广	主体进行宗教推广，客体是宗教传播的中心区	主体进行宗教推广，客体是宗教传播的重要区域	主体实施宗教推广，有一定影响力	没有实施宗教推广，没有影响力
文化诱惑	主体进行文化诱惑，文化殖民程度深，对客体文化有很深影响	主体进行文化诱惑，对客体的文化有一定的影响	主体进行文化诱惑，客体曾深受其文化影响	没有实施文化诱惑
语言态度	客体的各个阶层主动选择并接受该语言，并规范为官方语言	客体主动接受该语言，将其作为国家的重要语言	客体被动地选择该语言	客体对该语言不了解或持不接受态度
人口迁移	主体实施人口迁移，移民语言取代当地语言	主体实施人口迁移，移民语言渗透到当地语言	主体实施人口迁移，曾经影响当地语言。	没有人口迁移
科技革新	高科技革新(如互联网)影响深，主动参与语言传播	科技革新为语言传播提供了较为便捷的通道	科技革新的出现使语言传播成为可能	没有科技革新
意识形态	客体受奴化思想渗透很深，对该语言传播没有干扰	客体受庇护主义下的依附论思想影响，对该语言传播的干扰弱	客体受实用主义思想影响，对该语言传播的干扰一般	客体受民族主义下的一元论影响，对该语言传播干扰程度最深

续表

	强(4 分)	中(3 分)	弱(2 分)	没有(1 分)
地缘政治	客体的地理位置成为主体扩张的战略核心区	客体的地理位置成为主体扩张的战略辐射区	客体的地理位置使其受外部干扰小	客体的地理位置免于主体军事入侵
社会背景	民族宗教多方势力混杂，客体被殖民，历史上没有形成共同的国家语言	客体呈现多元化，多方势力长期抗衡，缺乏一种平衡语族间竞争与冲突的中立语言	客体呈现多元化，权力转换后某一民族的政治力量占有绝对优势	客体属于单一民族的国家，不利于外来语的渗透。
殖民程度	客体被殖民程度很深，仍然没有取得独立	客体被殖民程度很深，独立后依旧依附于主体	客体曾被殖民，现在完全独立	客体没有被殖民
军事实力	主体是军事霸主，对周边客体有震慑力	主体军事实力强大	主体军事实力一般	主体没有军事实力。
经济实力	主体经济霸主，对周边客体有震慑力	主体经济实力强大	主体经济实力一般	主体没有经济实力。
政治实力	主体政治霸主，对周边客体有震慑力	主体政治实力强大	主体政治实力一般	主体没有政治实力

四、模型的验证

以下将上述的等级量化表与定量模型结合，选取印度、马来西亚和日本 3 个国家为例，以殖民和后殖民时期为两个时间点，以便更加清晰地呈现一种语言对一个国家或地区在不同历史时期传播的动态趋势。

(一) 三个典型国家殖民时期英语传播的对比

殖民时期，英国对印度实施军事扩张，殖民程度非常深，导致印度独立后仍然对英美国家有所担心，所以为 4 分；贸易占领方面，英国以印度为贸易核心区建立东印度公司，所以为 4 分；政治同化方面，“分而治之”与“合而治之”的政策教育模式一直持续到印度独立建国，导致语言矛盾升级诱发了一系列的社会、政治等意识形态问题，所以为 4 分；西方传教士是英语在印度传播的主体，他们不仅积极传播基督教，大批教会英语学校得到发展，所以为 4 分；文化诱惑方面，19 世纪后期英国加紧对印度的文化侵略，给殖民地人植入这样的观念：只有掌握英语才能在政府中谋取职位，才能贸易往来通行，所以为 4 分；语言态度方面，英语强制成为印度的官方语言，当地人的语言选择很被动，所以为 2 分；人口迁移方面，大批英国移民到印度，他们的语言已经取代当地人的语言地位，印度殖民时期形成的社会阶层，虽有印度等四国人的血液和肤色，更有英国人的情趣、信念、道德和智慧，所以为 4 分；科技革新方面，殖民时期并不是十分发达，所以为 2 分；意识形态方面，印度人受奴化思想毒害很深，对语言传播没有干扰，所以为 4 分；地缘政治方面，印度的地理位置正处于英国扩张的战略核心区，所以为 4 分；社会背景方面，印度民族宗教多方势力混杂，殖民时期正好为英语的传播提供了空间，所以 4 分；印度被殖民程度很深，独立后依旧依附于英美国家，所以为 3 分；殖民时期英国的军事、经济和政治方面均是 4 分。因此殖民时期英语在印度的传播情况如图 6-5 所示。

殖民时期马来西亚同样遭到英国的军事扩张，独立后仍然对英美国家有所忌惮，所以为 4 分；贸易占领方面，马来西亚作为新加坡贸易中转站的重要区域，所以为 3 分；政治同化方面，“分而治之”与“合而治之”的政策影响很深，所以为 4 分；西方传教士在马来西亚积极传播基督教，建立大批教会，是基督教传播的重要区域，所以为 3 分；文化诱惑方面，在马来西亚疲于解决民族纷争之时，英国殖民者强迫性地灌输西方的各种语言和文化，所以为 4 分；语言态度方面，英语强制成为印度的官方语言，当地人的语言选择很被动，所以为 2 分；人口迁移方面，英国移民的语言大量渗透到印度当地，所以为 3 分；科技革新方面，殖民时期并不是十分发达，所以为 2 分；意识形态方面，马来西亚受奴化思想毒害很深，所以为 4 分；地缘政治方面，英国在东南亚占领马来亚，主要受新加坡战略位置关系的牵连，成为牺牲品，所以为 3 分；社会背景方面，马来西亚民族宗教多方势力混杂，殖民时期正好为英语的传播提供了空间，所以为 4 分；马来西亚被殖民程度很深，独立后依旧依附于英美国家，所以为 3 分；殖民时期英国的军事、经济和政治方面均是 4 分。因此，殖民时期英语在马来西亚的传播情况如图 6-6 所示。

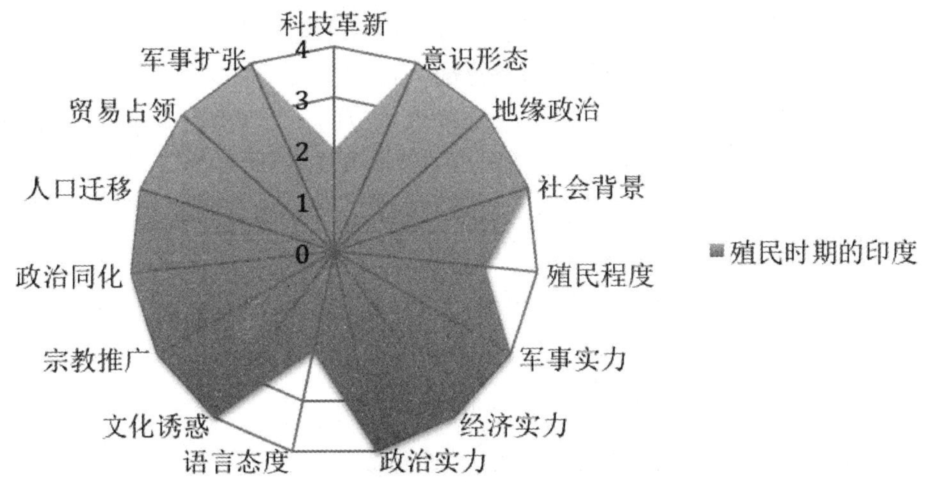

图　6-5

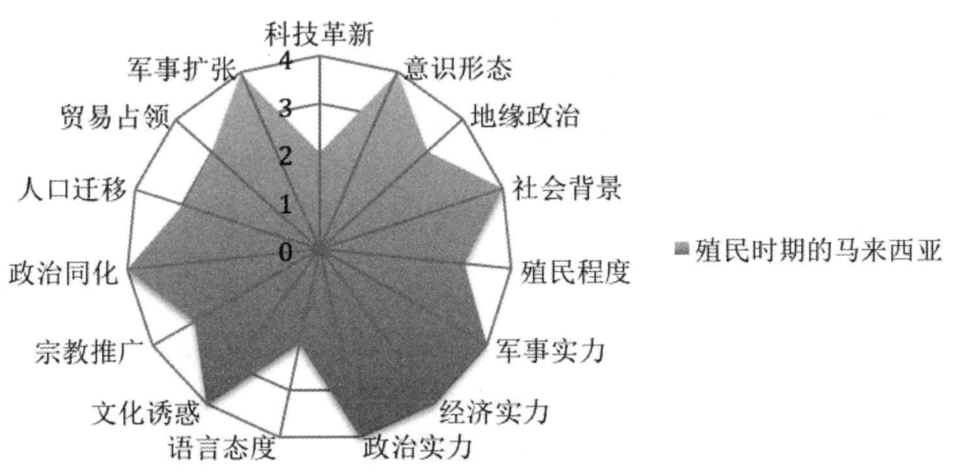

图　6-6

殖民时期日本遭到英美国家的军事扩张、贸易占领、政治同化和宗教推广，但没有被殖民，所以四个因素分别是 2 分；文化诱惑方面，虽然日本没有被侵占，但英语作为学习西方文化和科技的工具,最先受到维新思想家和教育人士的推崇，所以为 3 分；语言态度方面，日本果断地实行“明治维新”，主动学习西方先进文明,对于英语传播选择“主动移植”的发展道路，所以为 3 分；人口迁移方面，英国没有侵占日本，但与西方人通商，所以英语渗透到当地语言，所以为 3 分；科技革新方面，殖民时期并不是十分发达，所以为 2 分；意识形态方面，日本受实用主义影响很深，对语言传播的干扰一般，所以为 2 分；地缘政治方面，日本属于岛国，既能输入大陆文明，又能保有自己相对的独立性免受殖民，所以为 1 分；社会背景方面，日本是单一民族的国家，所以为 1 分；日本没有被殖民，所以为 1 分；殖民时期英国的军事、经济和政治方面均是 4 分。因此，殖民时期英语在日本的传播情况如图 6-7 所示。

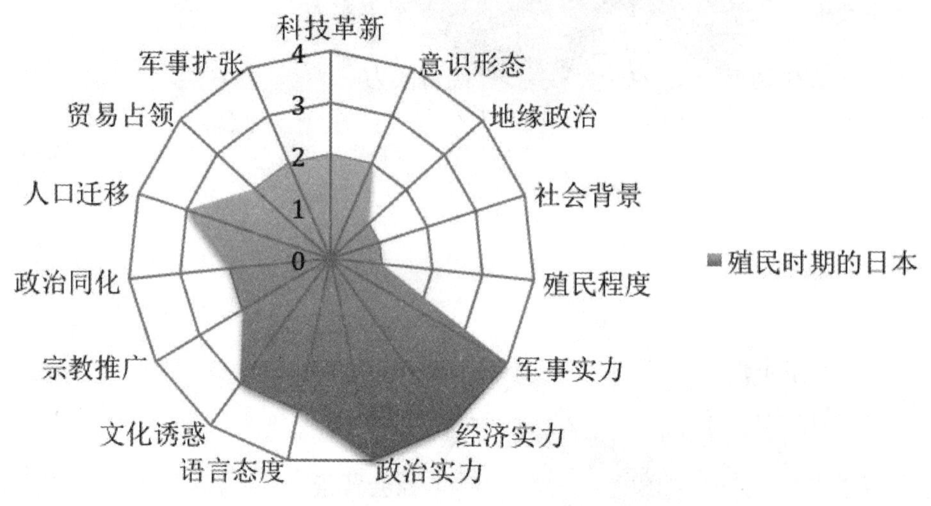

图 6-7

从图 6-5～图 6-7 可以很清晰的看出，英语在印度传播的蓝色面积最大，其次是马来西亚，最后是日本，这不仅可以验证定型模型提出的第一个假设，即十五边图形内形成的新图形面积越大，说明语言传播的情况越好，而且也充分解释了后殖民时期英语在印度、马来西亚和日本被定位成官方语言、第二语言和外语，有其深厚的历史渊源。从 3 个图我们可以看出，同样对于英国这样的传播主体，在它的军事、经济和政治实力一定，传播渠道中科技革新和意识形态的干扰因素不变的条件下，如果十五边形左侧从军事扩张到语言态度的主观因素缺乏，英语在客体的传播很难大幅度推进；同时主观因素(军事扩张、贸易占领、宗教推广等) 的力度很大程度上受到传播客体的客观条件(地缘政治、社会背景) 的制约。当然，从图 6-7 可以看到，由于日本客观条件的制约，英美并没有成功对日本实施主观殖民，所以日本意识形态的分值与殖民时期的印度和马来西亚相比，相对较低。

(二) 三个典型国家后殖民时期英语传播的对比

后殖民时期，英国在军事扩张、贸易占领和政治同化方面的钳制趋于无形和隐蔽，所以为 3 分；宗教推广方面，基督教对独立后的印度有一定的影响力，所以为 2 分；文化诱惑方面，随着传播技术的发展，英美国家加快了文化侵略的渗透，对独立后的印度仍然有一定的影响，所以为 3 分；语言态度方面，印度独立后英语作为“中立语言”被客体的各个阶层主动选择并接受，所以为 4 分；人口迁移方面，英国移民语言仍对当地语言有影响，所以为 3 分；科技革新方面，互联网的出现使客体主动参与语言传播，所以为 4 分；意识形态方面，印度受实用主义思想影响，干扰语言传播的程度一般，所以为 2 分；地缘政治方面，独立后的印度地理位置不变，所以为 4 分；社会背景方面，印度独立后多方势力长期抗衡，缺乏一种平衡语族间竞争与冲突的中立语言，所以为 3 分；殖民程度方面，印度独立建国，所以为 2 分；军事、经济和政治实力方面，英国实力相对减弱，但美国各方面实力增加，所以英语传播主体的综合实力叠加后的分数仍为 4 分。因此，后殖民时期英语在印度的传播情况如图 6-8 所示。

后殖民时期，马来西亚与印度相同，在军事扩张、贸易占领、政治同化和宗教推广方面分别是 3 分、3 分、3 分和 2 分；文化诱惑方面为 3 分；语言态度方面，马来西亚选择英语作为制衡民族主体语言的政治工具，所以为 3 分；人口迁移方面，英国移民语言持续渗透到当地语言，所以 3 分；科技革新方面，互联网的出现使客体主动参与语言传播，所以为 4 分；意识形态方面，马来西亚受一元论思想影响，对语言传播干扰程度最大，所以为 1 分；地缘政治方面，独立后的马来西亚地理位置不变，所以为 3 分；社会背景方面，马来西亚权力转换后某一民族的政治力量占有绝对优势，所以为 2 分；殖民程度方面，马来西亚独立建国，所以为 2 分；军事、经济和政治实力方面，英美各方面实力叠加，所以分数 4 分。因此，后殖民时期英语在马来西亚的传播情况如图 6-9 所示。

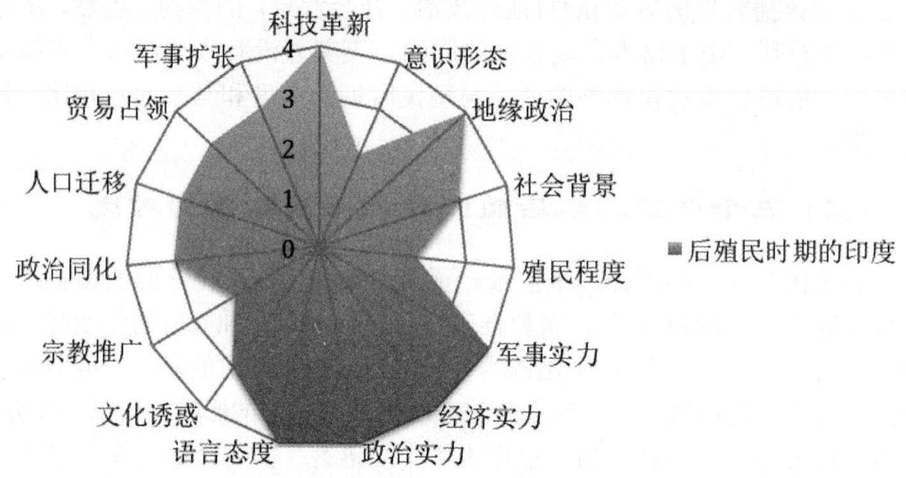

图 6-8

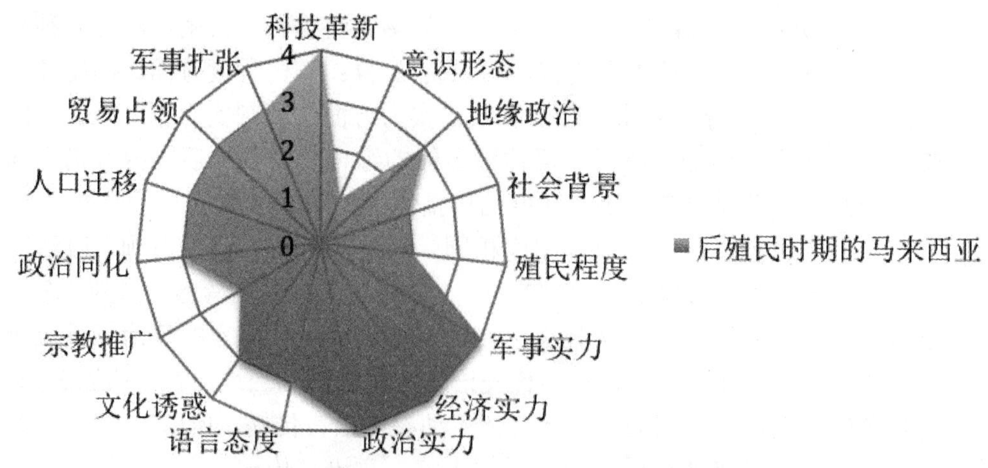

图 6-9

后殖民时期，在军事扩张、贸易占领、政治同化和宗教推广方面，日本与马来西亚和印度不同，英美对日本实施的手段较为隐蔽，均为 2 分；文化诱惑方面，英美进行文化诱惑，对日本有一定的影响，所以 3 分；语言态度方面，迫于全球化的压力，日本为了融入西方世界的地理构图选择英语，所以 2 分；人口迁移方面，英语仍然渗透到日本当地语言，所以 3 分；科技革新方面，互联网的出现使客体主动参与语言传播，所以 4 分；意识形态方面，日本受实用主义思想影响，把英语看做赶超大国的工具，对语言传播的干扰一般，所以 2 分；地缘政治方面，日本岛国的地理位置不变，所以 1 分；社会背景方面，日本属于单一民族的国家，不利于外来语的渗透，所以 1 分；殖民程度方面，日本没有被殖民，所以 1 分；军事、经济和政治实力方面，英美国家实力叠加依然强大，所以 4 分。因此，后殖民时期英语在日本的传播情况如图 6-10 所示。

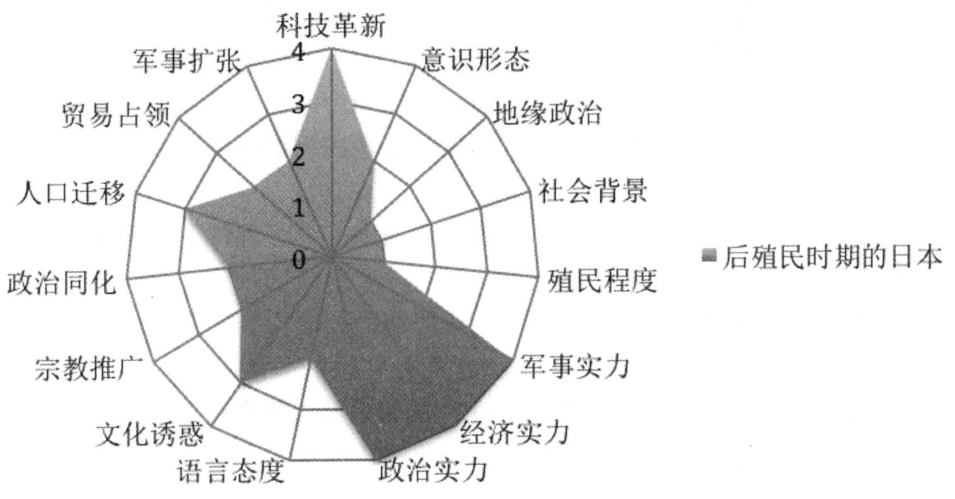

图　6-10

从图 6-8～图 6-10 可以很清晰地看出，后殖民时期英语在印度传播的蓝色面积依旧最大，其次是马来西亚，最后是日本，充分说明了后殖民时期英语在 3 个国家所处的语言地位是不同的。我们知道英语在殖民时期的有力传播是不可复制的，可一旦殖民这个有力因素缺失，即十五边形左侧大部分主观因素(军事扩张、贸易占领、政治同化、宗教推广和文化诱惑) 一定的情况下，右侧传播主体的军事、经济和政治实力，客体的社会背景和地缘政治均保持不变，传播渠道的科技革新因素也是一定的条件下，可以看出客体的语言态度是否主动、意识形态是否转变对于语言传播起着决定性的作用。当然，日本与马来西亚和印度不同，没有经历历史上大规模被殖民，所以后殖民时期在军事扩张、贸易占领、政治同化和宗教推广方面，量化表中对应的分值也相对更低，所以导致英语传播的面积更小。

(三) 三个典型国家不同历史时期英语传播的动态趋势

图 6-11 所呈现的正是印度在殖民和后殖民时期英语的传播变化趋势。很明晰，后殖民时期英语在印度的传播出现小范围萎缩。面积减少最多的部分位于十五边形的左侧，这主要归结于促进语言传播的主观因素缺乏。因为后殖民时期，印度摆脱了英国的殖民统治，所以传播主体的军事扩张、贸易占领、政治同化和宗教推广等有利的主观因素大幅度减弱；主体的人口迁移和文化诱惑两个主观因素的影响也随之相对减弱；只有客体的语言态度由被动转化成主动，推动语言的传播。位于右侧的客观因素中，科技革新的增强客观上促进了语言的传播，而意识形态由奴性向实用主义的转变相对制约了语言的传播。此外，客体随着殖民程度的减弱，客体社会背景相应地发生相应的变化。

鉴于此，后殖民时期英语在印度的传播力度一直保持，一方面归结客体语言态度的积极转变和传播渠道中科技革新的给力推进；另一方面主体虽然退出殖民的历史舞台，但英美联合体取而代之，它在政治、经济和军事所表现出的综合实力是推动英语继续广泛传播的关键因素。

图 6-12 所呈现的正是马来西亚在殖民和后殖民时期英语的传播变化趋势。很明晰，后殖民时期英语在马来西亚的传播也出现小范围萎缩。殖民时期，英语在马来西亚的传播主要集中在十五边形的右侧，与印度相比，英国在马来西亚军事、贸易、政治与宗教的殖民相对减弱，英语主要依靠客观上的有利因素进行推广。

后殖民时期，英语在马来西亚的传播较为均匀，更大程度地依靠主客观因素共同推进语言的扩散，主要有三方面的原因：

第一，与印度一样，马来西亚人对于英语传播的态度由被动转化成主动，虽然程度等级不如印度，但主观上推动了英语在当地的传播；

第二，科技革新的增强，大幅度促进了英语的传播。

第三，对于所有英美殖民过的国家或地区，后殖民时期英美联合体在政治、经济和军事所表现出的综合实力是推动英语继续广泛传播的关键因素。

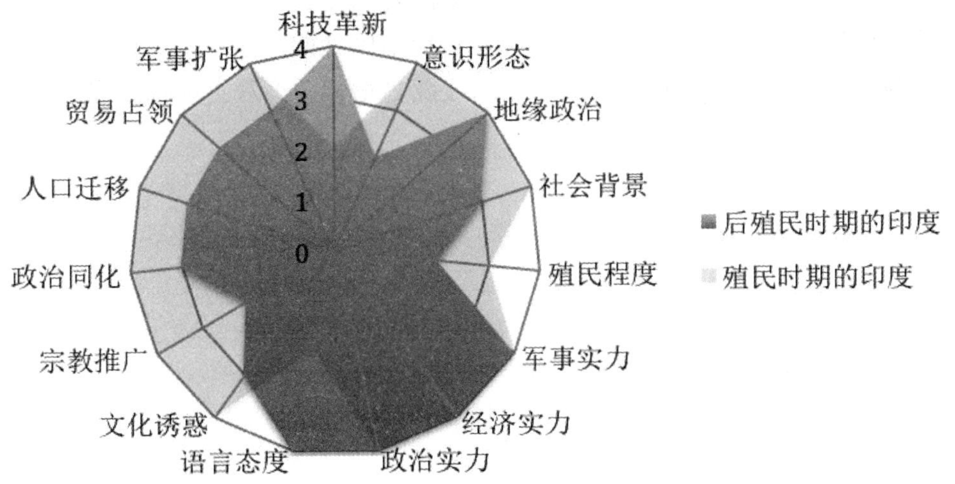

图　6-11

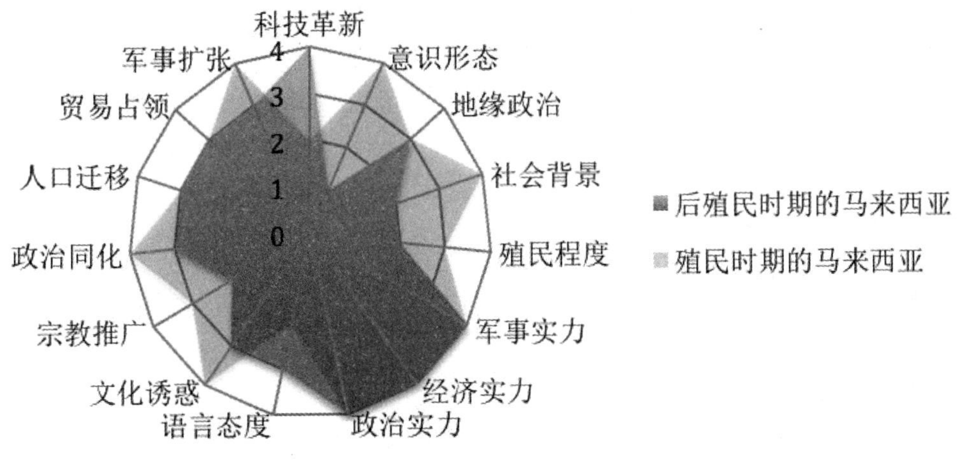

图　6-12

图 6-13 所呈现的正是日本在殖民和后殖民时期英语的传播变化趋势。与印度和马来西亚相比，后殖民时期英语在日本的传播出现一定范围的扩张。殖民时期，由于日本虽然遭到欧美等大国的入侵，但并没有被殖民，所以殖民前后，十五边形的主客观因素的等级没有太大的变动，唯一不同的是传播渠道中的科技革新这一因素。后殖民时期，随着全球化的演进，传播技术飞跃发展，科技革新干扰力度随之增强，客观上大幅度促进了英语在日本的传播。

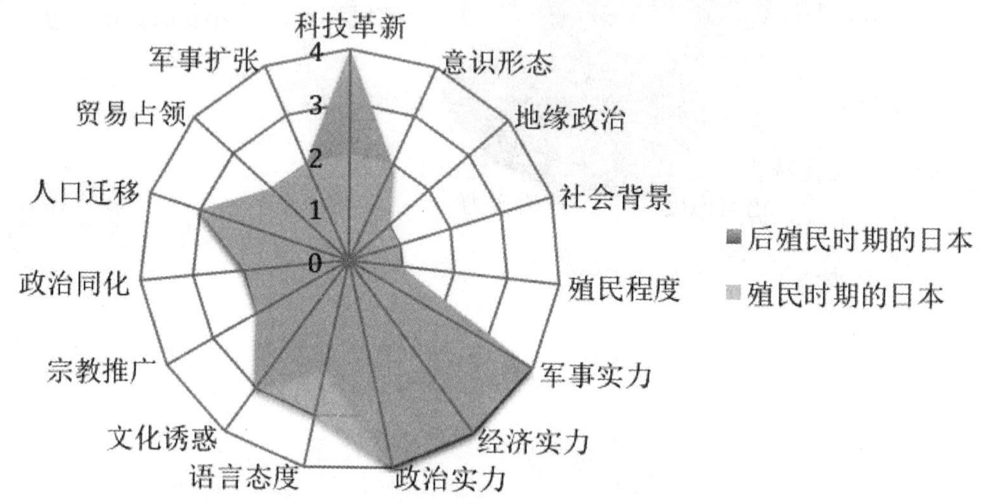

图 6-13

定性分析与定量分析是认识事物的两种方式。二者是统一的，相互补充。对于语言传播而言，定性模型的构建是定量分析语言传播的前提基础，因为缺少定性的定量模型是一种盲目的、毫无价值的定量；同样定量分析将使定性模型更加科学、准确。

所以本章在语言传播定性模型的基础上，对所有因素的等级进行一定的量化，以等级量化表的形式呈现并构建了语言传播的动态模型。通过选取印度、马来西亚和日本 3 个典型亚洲国家，以殖民和后殖民时期为两个时间点，笔者将定性和定量模型有机地结合，不仅验证了模型提出的 3 个假设，而且直观地呈现一种语言对一个国家或地区在不同历史时期传播的动态趋势，同时更为清晰地诠释出一种语言之所以在一个国家或地区被规范成不同地位等级的因素比例关系。

第七章 结　语

第一节 主要研究内容

语言传播是由多因素驱动而形成的一种复杂的语言现象。为了更加准确形象地将语言传播的动态变化趋势呈现出来，本研究首先比较与借鉴了几种西方主要语言的国际传播历程，从而初步探索语言传播的规律；其次，选取了从数千种语言中脱颖而出的英语作为传播对象，将亚洲作为一个整体区域，以经济学、语言学、社会学和哲学的相关理论为指导，并结合Cooper的语言政策和语言规划的分析框架，分别从纵向维度、从横向维度以及从英语地位等级维度出发，对英语作为官方语言、第二语言和外语的国家或地区英语传播的执行、评估和策略调整进行系统评价。第三，通过比较研究，分析英语在亚洲传播的驱动力和传播的变迁，并以英语传播为蓝图，构建出定性与定量相结合的语言传播的动态模型。

在对历史上不同时期的帝国，它的语言传播的成败做了简要的剖析之后，从语言传播的规律层面上，笔者首先归纳出语言传播通常在以下几种理论背景下产生：

其一，帝国殖民的海外扩张是语言推广很重要的理论背景，它直接带动了这些殖民国家的语言的扩张；

其二，海外人口迁移现象直接带动了语言传播，没有人口移动，在通讯条件比较落后的时代，语言的传播扩散几乎无法实现；

其三，殖民者与当地人的贸易往来间接促进了语言交流，因为当地人意识到使用某种语言会与物质利益挂钩；

其四，人类历史上的几次科技革命成为语言传播的核心助推器；其五，殖民者的宗教传播是语言传播的强大支撑，它不仅通过语言传达教义、学说和理论，也对语言及其发展有着特殊的贡献。

在归纳出这五种理论背景后，笔者发现它恰好与Quirk（1988）提出的帝国模式（imperial model）、人口模式（demographic model）和经济文化

（econo-cultural model）模式相对应。帝国模式是帝国的海外扩张背景下的产物，它主要是通过对殖民地国家人民的政治统治而进行语言传播；人口模式对应的是人口迁移背景，它旨在强调人是语言传播的直接载体，认为语言是通过人口迁移活动而直接进行传播扩散；经济文化模式是贸易往来、科技革新与宗教传播这三个理论背景下的混合物，它主要指一种语言是在经济利益和思想文化的驱动下进行传播。纵观西方主要语言的传播历程，笔者认为，Quirk 提出的语言传播模式究其本质，并非是树型结构而是以等级递阶的形式呈现，它贯穿于一个国家的语言史，随着国家和民族的国际影响和作用的变化而改变。简单来说，一个国家经济地位的升降直接影响其语言地位。一种国际语言，要想在不断变化的世界格局中立于不败之地，必须从语言规划的视角不断寻求一个与时代发展要求相适应的语言传播模式，也许需要突破 Quirk 的三种语言扩张模式，也许需要融入新的元素将其整合。

笔者认为，语言传播与文化传播相似，它的途径大体上分为横向传播和纵向传播两类。所谓横向传播，主要指语言的空间传播，即不同语言间的传播，具体可形象的划分为占据式传播、蔓延式传播和变异式传播。纵向传播不是面对面的传播行为，而是传播主体隐蔽了历史背景，通过其他媒介来进行代际传播。鉴于以上语言传播的两大途径，本研究可以归纳出，语言传播不是简单意义的平面扩散，它除了在空间领域（包括共时的地理或是社会阶层）呈渐进扩散，在历时上语言的传播也以渐进扩散的方式来完成。语言的空间传播常常打破本地语言的原有格局，新旧语言之间产生激烈的冲突，或出现语言的整合现象，或导致语言的区域分化。语言的历史传播或以显性或隐性的方式，由于语言传播的方式选择过激或不及，即使有一种正式的书面的显性传播政策，也不一定被贯彻实施；反之即使没有以显性的方式传播语言，但是公众对于适宜的语言或者行为却往往有明确的取向。因此，在特定的历史原因与复杂的政治因素制约下，语言在横向与纵向传播过程中也必然经历迫于压力被孤立、再逐渐接受最后再广泛使用等阶段。纵观语言传播的历史，语言扩散也是一个涵化的过程，螺旋式的传播形式也是语言在时空中传播的常态。

第三，对于语言传播的本质，笔者认为可以从形式、功能以及渗透性三个方面来研究。形式即某种语言或语言的变体，这主要由所传播语言本身的多样性，以及传播语言和当地语言之间的结构相似度引起的，从中可以归纳出语言传播活动的本质具有复合性、渐变性、不稳定性和演化性特征。功能即交际功能，指语言传播的目的，所以语言传播的本质特征还表现为竞争性和阶层性。渗透性一方面指语言扩散的方式，具体表现为外延性、连续性和层序性；另一方面渗透性还可以指语言被接受的程度，所以语言传播还具有选择性。此外，语言传播的本质与语言传播的横向与纵向两大维度也是分不开的。

从宏观的语言传播规律回归到英语在亚洲传播的微观进程，虽然在语言传播的策略表征上，后殖民主义时期赤裸裸的暴力殖民从表面上暂时地退出了语言传播的历史舞台，但资本主义国家的语言殖民倾向并没有消失。与殖民时期相比，后殖民时期的语言传播从空间走向时间，从物理空间转向虚拟空间，从公开走向隐蔽，从硬实力转向软实力的渗透，传播技术的发展和意识形态的殖民正是语言传播方式发生转型的关键所在。不过，纵观殖民与后殖民两个时期，之所以亚洲各国英语的国际化程度不同，英语或作为官方语言或第二语言或外语，这是由于一系列复杂因素的权重比例各有不同，才促成当今的语言殖民体系。

基于英语在亚洲不同时期的传播情况，笔者进而归纳出军事扩张、贸易占领、政治同化、宗教推广、文化诱惑、意识形态、语言态度、人口迁移、军事实力、经济实力、政治实力、科技革新、地缘政治、社会背景和殖民程度 15 种驱动语言传播的因素。笔者首先从传播活动、制约因素和时间三个维度构建了一个定性模型，希望对语言扩散现象进行有效地宏观监督。在这个模型中，传播主体、传播渠道和传播客体每个环节都分别受制于一些因素，政策制定者可以一一针对每个环节的制约因素进行追踪分析，提前评估每个环节的因素叠加所产生的效果，从而对阻碍语言传播的抑制因素进行及时修正，同时也能即时返回上一环节进行有效检测，监控避免语言在传播过程中受到不必要的相关因素的干扰，而不是等到最后阶段再做补救。在定性模型的基础上，笔者继而构建了由以上 15 个因素组成的定量模型，每个因素分别被量化为 4 个等级。这个定量模型不仅能考察一种语言在同一个国家或地区不同时期的传播变化趋势，也可以针对一个国家或地区，考察两种语言的传播情况，直观地反映出两种语言在同一个地区同一个时期的传播程度，以及各自主要的优劣势。鉴于此，笔者将定性和定量模型有机地结合，不仅验证了模型提出的三个假设，而且直观地呈现一种语言对一个国家或地区在不同历史时期传播的动态趋势，同时更为清晰地诠释出一种语言之所以在一个国家或地区被规范成不同地位等级的因素比例关系。

第二节 余论：对中国汉语对外传播的启示

历史上，很多通用语言的传播都是伴随着殖民、掠夺、贸易和宗教等活动进行的，其中包括至今传播最为成功的国际语言英语。虽然英语的国际化传播路径带有历史的痕迹，它的成功是不可复制的，但笔者认为基于英语在亚洲传播而构建的语言传播模型是具有普适性的。我们需要在世界范围内考察汉语的传播情况，这不仅有利于充分认识汉语的主体性、多样性，更能梳理清楚汉语对外传播的诸多优势，从而处理好不同地区华语的关系，从国际战略的角度开展汉语对外传播的语言规划，制定切实可行的语言政策和语言传播策略。

教育部语言文字信息管理司司长李宇明（2004）曾准确地将汉语的国际传播划分为 3 个战略区域：海外华人社区圈、传统的汉字文化圈(朝鲜、韩国、日本、越南等)和辐射圈(世界其他国家或地区)，并提出对不同的区域需要采取不同的传播方略。这是一次非常具有前瞻性的对于语言传播格局的战略划分，在新的时代背景下配合和平崛起战略，为广大研究学者进一步明确了汉语国际传播思路。

鉴于此，笔者以李宇明对汉语国际传播划分的 3 个战略区域为基础，借助本研究中构建的语言传播模型，在充分认识不同战略区传播客体的语言生活状况特点之后，试图探讨中国汉语在不同战略区域的国际传播中有哪些优势与可提升的战略空间，应采取哪些不同的传播方略，借以希望汉语的对外传播能摸索出一条有针对性、有层次地对外传播的可持续性发展路径，从而在国际交流与合作中增进世界对中国的了解、扩大汉语在海外的影响。

一、汉语在海外华人圈的传播战略

任何语言的传播都离不开传播源，汉语对外传播体系中的传播源正是汉语作为母语使用的地区，它对汉语的国际传播起到核心的引导作用，主要包括中国两岸四地，即大陆和港澳台地区。海外华人圈无论从空间距离还是情感认同方面都是离语言传播源最近的战略区域，主要通过海外移民的方式形成，大部分分布在东南亚（如新加坡、马来西亚、缅甸北部）等海外华人地区。这部分战略区域的汉语传播力量不容小觑，因为散布全球的具有相当规模的华人移民社区约有几百个，凡是有华人社区的地方，就有华语。海外华人圈在汉语对外传播方面有以下几个共同特征，这些既是汉语国际的突破口也是汉语传播的优势所在。

首先海外华人在居住国仍有一个汉语使用的社会背景，它的存在及特点是汉语在海外传播的一大优势，是其他战略区域无法比拟的。比如支撑东南亚华人社会长期存在的三大支柱——华文教育、华文报刊和华人社团，前两者明显与汉语的使用、学习有关；而华人社团从表面上看它是社会组织，与语言研究似乎不搭界，但实际上它却是汉语方言得以使用、传播的重要场所。所以海外华人社会不仅代表单一社会，更代表它具有同汉语和文化相通的大环境，这是汉语国际传播急需鼓励与保持的战略区域。

第二，海外华语社区华语传播之所以能重新掌控话语权与中国的政治、经济和军事实力的强大是息息相关的。海外华人圈中，虽然华语为母语的教育已经有相当长的历史，从早期的移民到现在的新移民，但是华人母语教育一直都在艰难而执著地进行，其中最主要的原因是各国政府对华文教育采取严厉限制政策，当然这也和冷战格局下华文教育式微的国际大背景有关。现如今，随着中国军事、经济实力和国际地位的显著提高，汉语的政治地位和商业价值也因此提升，大大推动了世界汉语热的兴起，尤其对海外华人居住国有很强的影响力，使海外华人社区的华文教育再度掀起高潮，华文教育在海外华人社会中日益高涨。所以，政治、经济和军事的硬实力强大是汉语国际传播的坚强后盾。

第三，汉语在东南亚的华人社区传播拥有极大的地缘优势，直接带动了语言的扩散。由于种种原因，地缘上与中国毗邻的东南亚成为中国沿海移民迁徙的首选之地，这种“下南洋”的迁徙浪潮虽然从明朝时候就有了，但中国与东南亚的交往最早可以追溯到两千年前的汉代。所以，海外华人区生根发展的历史源头是地缘优势牵动而成的，作为联系全球华人纽带的华语和中华文化紧密相连，我们必须振兴或借助海外华人圈，充分利用地缘优势增强海外华人的凝聚力，振兴汉字语言联盟。

第四，汉语在海外华人的社会生活中享有很重要的媒体传播地位，所以汉语的国际传播，科技话语权是关键。虽然汉语在全球科技与网络占有率、使用率等方面与英语相比明显处于劣势，但对于海外华人社区因华人也在阅读汉语文本，或在浏览汉语网站或进行相关媒体报道，相对其他汉语圈，同一种汉语书刊、同一汉语网站和同一个汉语媒体有相当大的浏览量与收视率。鉴于此，高效抢占科技革新这个高地是汉语对外传播的一个突破口。

第五，海外华人区对汉语有很强的民族认同感，汉语作为母语与当地华人处于共生的状态。华语之所以在海外得到传承，不仅是因为越来越多的华人重新认识到华语的价值，更是因为海外华人对祖国始终持有一份关心和热爱以及对祖国优秀传统文化的充分认同。他们或开展各种形式的华语教学和培训，或开办华语电台、兴办华文报业，或开发华语网站进行网际互动等。这些都充分反映海外华人无时无刻都在心系祖国语言与文化的发展，可以说华族的血脉是促进与维系各地华人的沟通、联系和认同的强大心灵纽带。

下面笔者将以海外华人区华人密度最大的国家——新加坡为例，借助语言传播定量模型，考察后殖民时期英语和汉语的传播情况，希望直观地反映出两种语言在同一个地区同一个时期的传播程度，以及各自主要的优劣势，从而探讨汉语在具体的某一个海外华人区传播的战略突破口。

依据第六章的因素量化等级中的具体描述，后殖民时期英语在新加坡的传播情况如下：在军事扩张、贸易占领和政治同化方面的钳制由强硬转化为无形和隐蔽，所以为 3 分；宗教推广方面，基督教对独立后的新加坡有一定的影响力，所以为 2 分；文化诱惑方面，随着传播技术的发展，英美国家加快了文化侵略的渗透，对独立后的新加坡仍然有很深的影响，所以为 4 分；语言态度方面，新加坡独立后英语作为“中立语言”被客体的各个阶层主动选择并接受，所以为 4 分；人口迁移方面，英国移民语言仍对当地语言有影响，所以为 3 分；科技革新方面，互联网的出现使客体主动参与语言传播，所以为 4 分；意识形态方面，新加坡受实用主义思想影响，干扰语言传播的程度一般，所以为 2 分；地缘政治方面，独立后的新加坡地理位置不变，所以为 4 分；社会背景方面，新加坡独立后多方势力长期抗衡，缺乏一种平衡语族间竞争与冲突的中立语言，所以为 3 分；殖民程度方面，新加坡独立建国，所以为 2 分；军事、经济和政治实力方面，英国实力相对减弱，但美国各方面实力增加，所以英语传播主体的综合实力叠加后的分数仍为 4 分。因此，后殖民时期英语在印度的传播情况如图 7-1 所示。

同样依据第六章的因素良好等级中的具体描述，后殖民时期汉语在新加坡的传播情况如下：在军事扩张方面，中国不曾对新加坡实施扩张，所以为 1 分；在贸易占领方面，新加坡是我在东盟内第二大贸易伙伴，属于贸易重要区，所以为 3 分；在政治同化方面，中国不曾对新加坡实施政治同化政策，所以为 1 分；在宗教推广方面，佛教在新加坡有自由的扩展空间，对当地人有一定的影响力，所以为 2 分；在文化诱惑方面，汉语在中国周边国家有一定的影响力，中国为促进中外语言和文化交流，塑造中国良好的国际形象并构建中国的软实力，设立了一系列专项财政拨款并启动汉语教育项目和推广汉语计划，但略逊于英美的文化诱惑程度，所以给 3 分；语言态度方面，新加坡独立后汉语被当地华人主动接受，并规范为官方语言，所以为 4 分；人口迁移方面，很多中国人移民到新加坡，汉言仍对当地语言有影响，所以为 3 分；科技革新方面，与英语在互联网的霸主地位相比，汉语的网络占有率相对比较低，所以为 3 分；意识形态方面，新加坡受实用主义思想影响，干扰汉语传播的程度一般，所以为 2 分；地缘政治方面，独立后的新加坡地理位置不变，所以为 4 分；社会背景方面，新加坡独立后多方势力长期抗衡，缺乏一种平衡语族间竞争与冲突的中立语言，所以为 3 分；殖民程度方面，新加坡不曾被中国殖民，所以为 1 分；军事、经济和政治实力方面，中国相对新加坡军事和经济影响力强大，所以为 3 分；政治影响力一般，所以为 2 分。因此，后殖民时期汉语在新加坡的传播情况如图 7-2 所示。

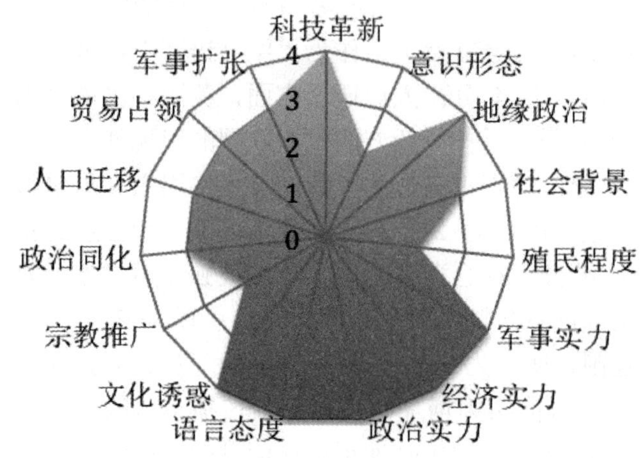

图　7-1

图 7-3 为图 7-1 和图 7-2 两个图的叠加结果。虽然后殖民时期英语和汉语在新加坡都被规范为官方语言，但从图 7-3 中我们可以很清晰地看出，英语在新加坡传播的情况要比汉语更加广泛。对于新加坡这样典型的海外华人区，客体的地缘政治和社会背景对任何语言传播的影响是恒定的，那么在殖民这一有力传播背景不可复制的前提下，依据图 7-3 所示我们将如何加强汉语的国际传播？

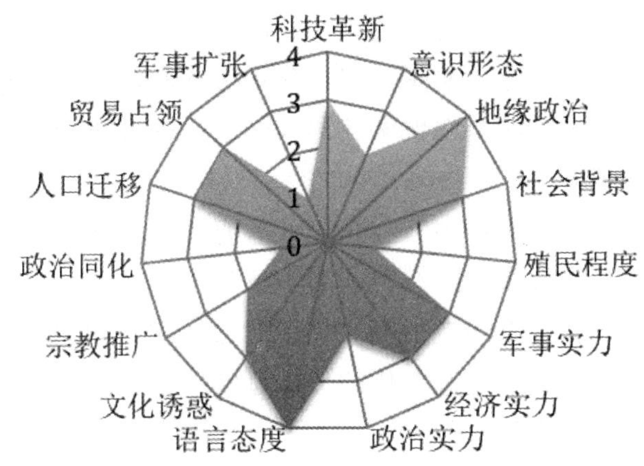

图　7-2

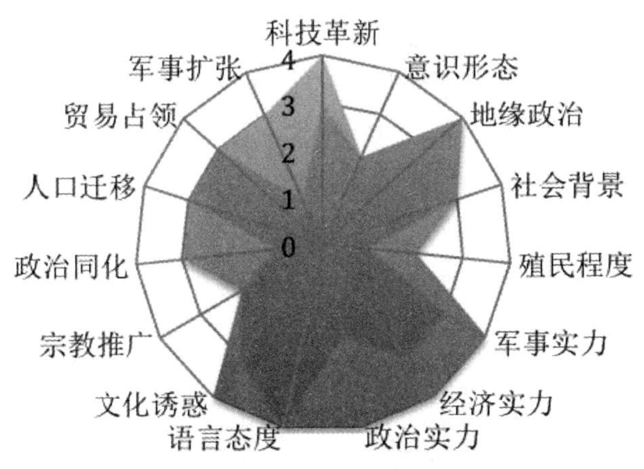

图　7-3

首先，汉语在科技日新月异的全球化时代必须要抢占海外华人圈的科技话语权。在信息化时代，中国亟需充分利用好海外华人社区这个大本营，在大力推广汉语、振兴中华文化的同时，与时俱进地发展汉语网络，扩大汉语网络资源，提高汉语科技和网络的话语权，这对实现中华和平崛起和汉语的兴盛具有非常重要的战略意义。

第次，强势语言总是以强势国力为基础的。现在的中国可以说是经济大国、政治大国、文化大国，但离经济强国、政治强国、军事强国、文化强国还有太大的差距。对新加坡这样的发达国家，中国在军事、经济和政治上的影响相对美国还不够有震慑力。要想使汉文化彻底崛起，需要靠军事、经济、政治的综合驱动力，才能全面繁荣汉语科技文化、汉语网络文化、全面振兴中华传统文化。

第三，宗教推广力度薄弱。佛教是中国与东南亚等海外华人区紧密相连的文化桥梁，它是从古至今华人认同的符号。笔者认为语言传播，文化先行。佛教文化具有悠久的历史与无法抗拒的文化牵动力，汉语的国际传播更要借助多方位的传播渠道，所以通过文化的传播延续华语的生存也是一种王道。

第四，海外华人圈的华语教育虽然历史悠久，但文化推广计划仍然任重而道远。东南亚华文教育源于 17 世纪末的华侨教育，迄今已有 300 多年，曾经有过辉煌的历史，但二战后由于国际格局的变化以及各国语言政策的制约等因素，汉语教育是在曲折中不断发展。所以，对于新加坡这样的海外华人社区，汉语的文化诱惑力度仍有不断提升的空间。一方面，中国制定实施系统、创新、面向世界的推广汉语计划历时才不过 10 年，相对英语几个世纪完善的语言推广项目缺乏历史的积淀与经验；另一方面，汉语对外传播立足于中华文化与其他文化的交流，立足于维护世界文化的多样性，这一定位与强权思想下的语言扩张有天壤之别。那么新时期下的汉语如何能在殖民扩张不可逆转的前提下，冲破英语的霸权防线，从而保存并传承汉文化，是个值得思考的问题。

二、汉语在汉字文化圈的传播战略

汉字文化圈位于海外华人圈的外围，相对于汉语的传播源更远一些，属于汉语传播情况相对薄弱的区域。汉字文化圈主要指使用汉字或者曾经使用汉字并承袭汉字文化传统的民族与国家，是以儒家文化构建基础社会的区域的统称，主要包括韩国、朝鲜、日本和越南等国家。

汉字文化圈具有如下的特征：首先，汉语和汉字在历史上曾深刻影响了这些地区，这充分说明汉语在汉字文化圈传播具有深厚的历史根基。其中朝鲜（韩国）和越南，受中华文化的影响最深。这两个国家在历史上都曾经列入中国的版图，直接受中原皇权政治的控制。在政治体制、儒家思想、宗教信仰、风俗习惯等诸多方面都深受中华文化的影响。例如，现存的韩国首尔故宫和越南顺化故宫，都是北京故宫的翻版；韩国的博物馆里的文物，无论是精美的书法、绘画，还是瓷器、石碑，无一不使用汉字；越南很多习俗都借鉴沿用中国传统文化风俗，如春节时春联、门画、年画以及福禄喜寿等吉利字都深深隐藏着汉字文化底蕴（杜思贤，2006）。

第二，汉语在汉字文化圈的传播是一个自然过程，绝非以武力、强权推进，而是以文化负载者的主动传播和接收者的自主寻求为主要动力的，本着传播守正创新、正大气象的中国文化新精神，这是其他优势文明体向外扩张所缺乏的。纵观世界史，古代两河流域文明的扩张，古罗马帝国对东方、地中海沿岸地区和西北欧部落的统治以及近代欧洲诸殖民帝国对非洲、美洲、亚洲的扩张和侵略基本上都是以武力、征服为先，然后才有文化(强制性)的传播和影响，唯有汉语的传播例外。这是汉语自古以来对外传播的一种态度也是一种中国和平崛起的文化传播战略，汉语的国际传播讲求多元共存的文化态势，主要依靠在漫长历史进程中处于优势地位的汉文化对周边文化的感召、凝聚，形成一种文化的向心力，从而达成整个汉字文化圈大系统的良性运行。

第三，汉字文化圈中尚保留大量的汉语词汇和典型的汉语语言结构，这说明汉语在这些地区传播容易产生情感认同。在汉文化圈，汉字是联结中国与周边世界的文化桥梁，这些地区的人们对汉语和中华文化，尤其是儒家思想，在很大程度上仍怀有亲切感和认同感。虽然韩国和日本等早年都有过废除汉字的主张，但是汉字至今也未废止，这充分体现了文化传统作为重要的情感沟通工具和先导起了相当重要的作用。它不仅能使汉文字圈的国家得以展开深层次的文化交流，更能使这个区域的国民更加自然地产生心灵的亲近感和精神上的归属感，摒弃政治纷争形成区域共同体。

第四，汉语在汉语文化圈传播也具有地缘优势。在亚洲东部，除了中国而外，并没有出现像印度和巴比伦那样的高文化中心。而中国与周边各国在地域上紧紧相连，历史上的四邻国家或比较弱小，或者文化不甚发达，它们对中国文化的影响，远不如中国文化对它们的影响。所以正是因为这个中国高文化中心的存在，汉语才不断辐射周边国家或地区，致使朝鲜、日本、越南等国被纳入汉字文化圈。

下面笔者将以汉字文化圈中受汉文化影响最深的国家——韩国为例，借助语言传播定量模型，考察后殖民时期英语和汉语的传播情况，希望直观地反映出两种语言在同一个地区同一个时期的传播程度，以及各自主要的优劣势，从而探讨汉语在具体的某一个汉文化圈国家传播的战略突破口。

同样依据第六章的因素量化等级中的具体描述，后殖民时期英语在韩国的传播情况如下：在军事扩张、贸易占领和政治同化方面的钳制美国对韩国的霸权主义由强硬转化为无形和隐蔽，虽然美国侵略过韩国（朝鲜），但不曾被殖民，所以均为 2 分；宗教推广方面，基督教对后殖民时期的的韩国有一定的影响力，所以为 2 分；文化诱惑方面，随着传播技术的发展，英美国家加快了文化侵略的渗透，与新加坡相比，对韩国有一定的影响，所以为 3 分；语言态度方面，韩国出于实用主义将英语作为主要外语被接受，所以为 3 分；人口迁移方面，英言仍对韩国当地语言有一定的影响，所以为 3 分；科技革新方面，互联网的出现使客体主动参与语言传播，促进英语在韩国的快速传播，所以为 4 分；意识形态方面，韩国受实用主义思想影响，干扰语言传播的程度一般，所以为 2 分；地缘政治方面，韩国地理位置处于英语扩张的辐射区，所以为 3 分；社会背景方面，韩国属于单一民族的国家，不利于外来语的渗透，所以为 1 分；殖民程度方面，韩国不曾被英美殖民，所以为 1 分；军事、经济和政治实力方面，英国实力相对减弱，但美国各方面实力增加，所以英语传播主体的综合实力叠加后的分数仍为 4 分。因此，后殖民时期英语在韩国的传播情况如图 7-4 所示。

后殖民时期汉语在韩国的传播情况如下：在军事、贸易和政治方面，韩国（朝鲜）曾是中国的附属国，曾经受中国皇权的统治，所以为 3 分；在宗教推广方面，佛教公元 4 世纪传入韩国，对本土国民有潜移默化的影响力，所以为 2 分；在文化诱惑方面，韩语中汉字词汇的大部分是从中国输入的，汇聚了中华文化的精华，同时中国在韩国也陆续设立了一系列专项财政拨款并启动汉语教育项目和推广汉语计划，所以和英语作为外语的语言地位相比，给 4 分；语言态度方面，汉语在韩国有深厚历史渊源，韩国人对汉语有很强的认同感和亲切感，所以为 3 分；人口迁移方面，汉语仍对韩国有很深的影响，所以为 3 分；科技革新方面，与英语在互联网的霸主地位相比，汉语的网络占有率在汉文字圈相对比较低，所以为 3 分；意识形态方面，韩国受实用主义思想影响，干扰汉语传播的程度一般，所以为 2 分；地缘政治方面，韩国比邻中国，中华文化作为文化传播的制高点，韩国成为语言传播的战略核心区，所以为 4 分；社会背景方面，客体属于单一民族的国家，不利于外来语的渗透，所以为 1 分；殖民程度方面，韩国曾是中国的附属国，或曾是中国版图的一部分，政治、经济和军事等方面都曾受制于中国，所以为 2 分；军事、经济和政治实力方面，中国相对韩国军事、经济和政治的影响力强大，所以为 3 分。因此，后殖民时期汉语在韩国的传播情况如图 7-5 所示。

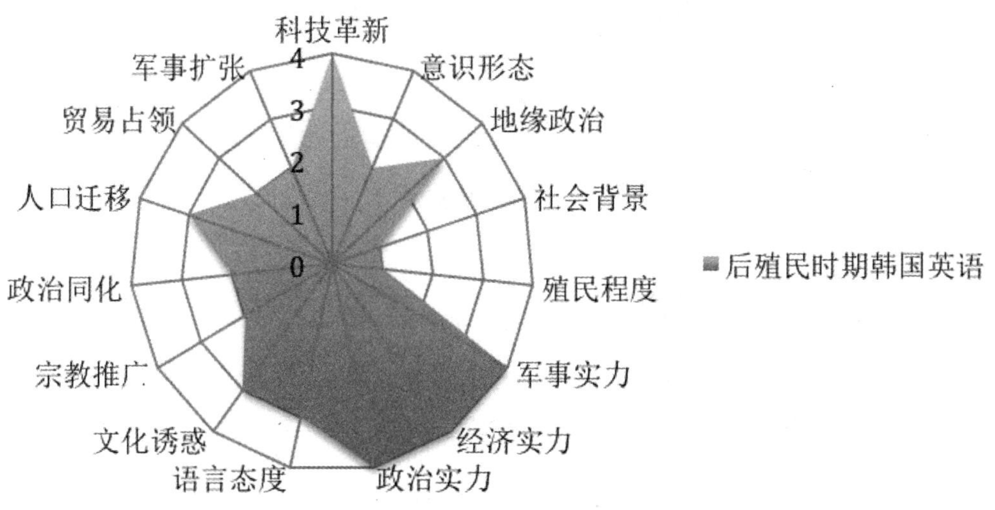

图　7-4

图 7-6 为图 7-4 和图 7-5 两个图的叠加结果。从中我们可以很清晰的看出，虽然韩国是历史上曾受汉字文化影响、现在仍受其影响的国家，但是后殖民时期汉语相比英语在韩国的传播没有显著优势，两个图叠加后，蓝色与粉色面积差不多。从历史角度看，中国作为文化传播的制高点对东

亚等地区的主导辐射已成为过去，对此图形中左侧的军事扩张、贸易占领、政治同化等因素在后殖民时期对汉语在汉文化圈的扩张驱动意义不大。那么对于韩国这样一个汉文字圈的典型国家，依据图 7-6 所示哪些战略措施能加快汉语的国际传播？

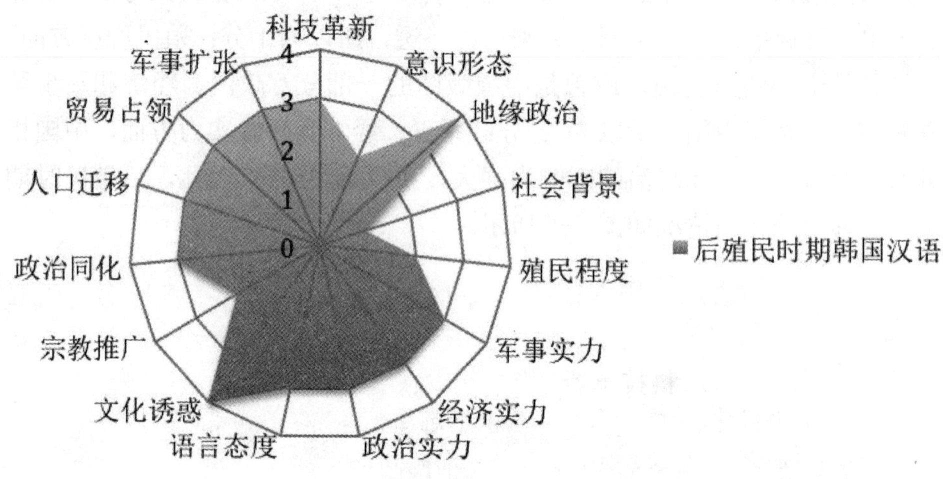

图 7-5

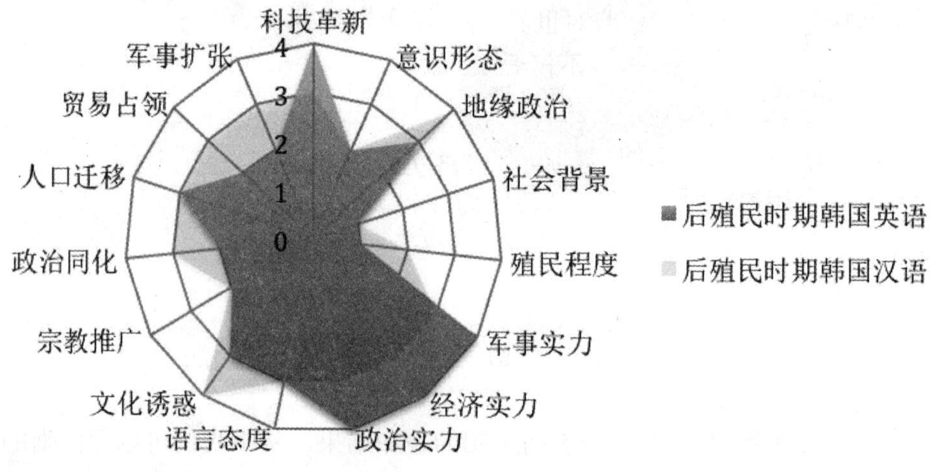

图 7-6

首先，汉语在科技革新方面有提升的空间，汉语在汉文化圈的未来还是要看否适应科学新技术。全球化时代是信息时代，语言更大程度上依赖计算机、网络、多媒体来传播信息，汉字在汉文化圈是有生命力的，我们必须让其尽快适应处理语言文字的各种现代化技术。汉字如果不能抢占计算机领域，就一定会被日新月异的全球化进程淘汰。虽然汉字在信息处理方面还不及英文简便，但在汉文化圈只要能构筑相互兼容的汉字平台，必然能促成并巩固发展有关汉字输入、内码存储、显示输出等方面的共同协议或标准，使汉字在“汉字文化圈”乃至更广阔的区域发挥作用。

其次，文化战略领域是提升汉语在汉文化圈地位的关键。重视国家文化整体文化战略是未来中国崛起不可或缺的一部分。经济腾飞并不是真正的崛起，只有文化复兴、输出和产生普遍影响，才是真正意义上的和平崛起。回顾和比较中西文化战略的交锋历史，会发现中国在汉文化圈对于自身文化形象的输出明显重视不够，例如我们忽视了佛教文化的传承、儒家经典的延续，中国传统服饰的创新，国内知名品牌的输出，中国特色的经典影视作品的宣传等等，导致即使在东亚文化领导权的争夺中，中国也面临多重危机。要想让汉文化圈乃至世界了解汉语并主动接受和传播汉语，中国文化必须要“走出去”成为人类的和世界的文化。当然，“走出去”的战略是可持续地向世界展示中国文化的和谐精神，它完全不同于西方霸权的一元性，汉文化与汉语的传播倡导东西方对话的多元性，人类语言和文化的和谐与共生将取代任何对世界发展趋势误判而导致的对立冲突。

第三，汉语的对外传播不仅要靠中国综合实力的提升，更需要汉文化圈区域共同体的驱动力，它将是能与西欧文明相匹敌的一个文明形态。汉文化圈不是单纯意义上的文化圈，更包含了国际关系及政治经济诸关系在内，是各个国家内部以及相互活动的区域共同体，而汉字与汉文化正是汉字文化圈诸国间最重要的传递讯息的桥梁与相互信任的纽带。历史事实证明，只要汉文化圈积极协作，就会出现文化的共同繁荣；反之圈内国家出现纷争就会导致分裂，文化传承中断。那么如何能使汉文化圈的国家利益最大化？如何在调适好各国的相互关系和寻求各自的定位等问题上取得更多的共识？从战略角度出发，我们应该从考察各国历史发展的连续性和相关性、各国的自身特点和彼此的共同点，创造一种区域性的共通文字作为沟通和交流的手段，汉字在汉文化圈有其特殊的优越性，不仅因为汉字是一种表意文字，在结构上又有意形结合的特点，更重要的是对于汉文化圈各国都有文化根基，它必将既有助于妥善解决圈内国家在国际关系中的矛盾冲突，更对现实和未来的汉文字圈地区的政治经济协同发展和文化交流有着十分重要的借鉴意义。

三、汉语在辐射圈的传播战略

汉语辐射圈位于传播源的最外侧，是汉语传播最为薄弱的地区，主要包括南美洲、北美洲、欧洲、中亚、西亚、南亚、非洲等。这些地区有如下的共同特点：一是这些地区的文化与中华文化之间存在很大的差异；二是这些地区的人对中国、汉语和中华文化普遍知之甚少；三是全国性的汉语传播体系基本上没有建立，使用汉语人数在总人口中所占比例很低；四是汉语在历史上对这些地区影响很薄弱，缺乏语言认同的基础。所以，汉语在辐射圈的传播任重道远。

下面笔者将以汉语辐射圈中南亚最大的国家——印度为例，借助语言传播定量模型，考察后殖民时期英语和汉语在印度的传播情况，借此探讨汉语在辐射圈国家传播的战略突破口。

在第六章，笔者已将后殖民时期英语在印度的传播情况做了简要的探讨（如图 7-7），英语在印度的传播力度一直保持，一方面归结客体语言态度的积极转变和传播渠道中科技革新的给力推进；另一方面主体虽然退出殖民的历史舞台，但英美联合体取而代之，它在政治、经济和军事所表现出的综合实力是推动英语继续广泛传播的关键因素。

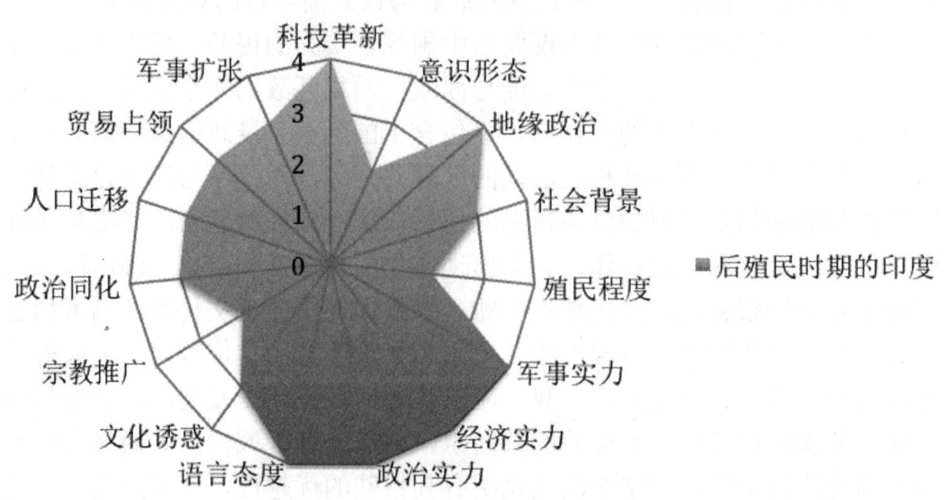

图 7-7

后殖民时期汉语在印度的传播情况如下：在军事和政治方面，中国没对印度实施过军事扩张和政治同化，所以均是 1 分；在贸易方面，中国已经成为印度最大的贸易伙伴，所以为 3 分；在宗教方面，佛教是由印度传入中国，中国将其传承并本土化，对印度的佛教也有一定的影响，所以为 2 分；文化方面，目前印度的孔子学院建设正在循序渐进的开展，已建成一所，另外印度拥有 20 多所进行汉语教学与中国文化研究的大学（谷俊，杨文武，2011），所以为 3 分；语言态度方面，印度的汉语热才刚刚兴起，广大印度民众对汉语并不是太了解，所以为 1 分；人口迁移方面，据《环球时报》援引印度时报报道，越来越多的中国人正在移民印度，尽管他们绝对人数并不多，但对当地语言有一定的影响，所以为 3 分；科技革新方面，与英语在互联网的霸主地位相比，汉语的网络占有率在辐射圈更低，所以为 3 分；意识形态方面，印度受实用主义思想影响，干扰汉语传播的程度一般，所以为 2 分；地缘政治方面，中国和印度是亚洲体系中两个举足轻重的大国，其人口、幅员等加在一起是亚洲的主体，所以印度对于中国是汉语传播的战略核心区，给 4 分；社会背景方面，印度呈现多元化，多方势力长期抗衡，缺乏一种平衡语族间竞争与冲突的中立语言，所以为 3 分；殖民程度方面，印度不曾被中国殖民，所以为 1 分；军事、经济和政治实力方面，中国相对印度军事和经济和的影响力强大，所以为 3 分，但政治的影响力不足，虽然两国都奉行“独立自主”的外交政策，不与区域外的世界霸权国家正式结盟，但都与美国保持着复杂的经济、政治和安全关系，所以为 1 分。因此，后殖民时期汉语在印度的传播情况如图 7-8 所示。

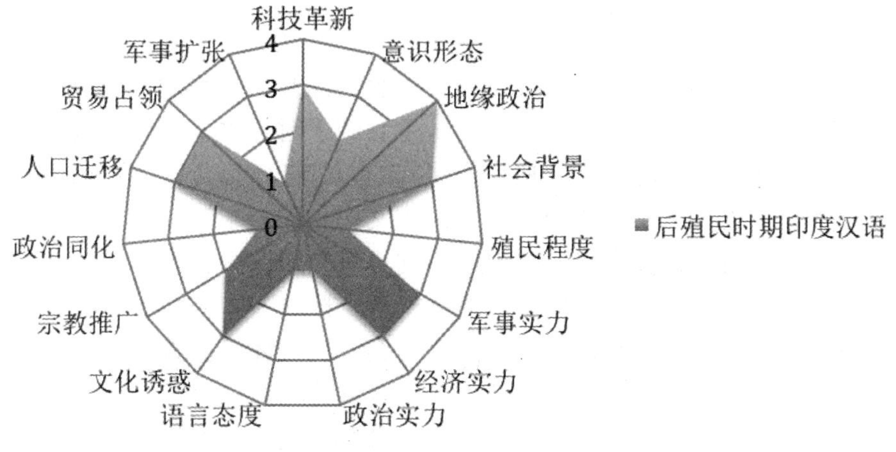

图 7-8

图 7-9 为图 7-7 和图 7-8 两个图的叠加结果。从中我们可以很清晰的看出，虽然南亚的印度与中国在历史上就曾有过文化交流，而且还具备地缘优势，但是后殖民时期汉语相比英语在印度的传播没有一点优势，两个图叠加后，汉语传播的面积比英语相差很多。从历史角度看，图形中左侧的军事扩张、贸易占领、政治同化等因素在后殖民时期对汉语在辐射圈扩张的驱动意义不大，因为汉语的国际传播并非以强制、武力和霸权为手段，而是本着和谐多元共存的态度。所以对于印度这样的汉语辐射圈国家，依据图 7-9 哪些战略措施能加快汉语的国际传播？

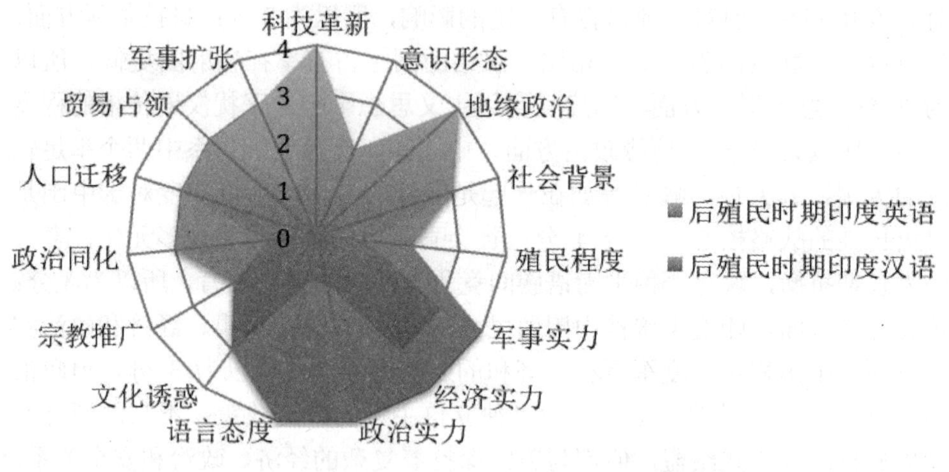

图 7-9

首先，语言态度是汉语在辐射圈传播亟需提升的空间。一个国家对一种外来语言产生抵触心理或漠视态度，主要源于对它不了解，而只有懂得这个民族的文化，才能真正明白这个民族的语言。所以，汉语在辐射圈必须要运用多渠道推广汉文化交流增进民族文化之间的了解，文化先行，才能促进汉语的对外传播。汉语辐射圈不同于海外华人圈和汉文字圈，汉语和中华文化对于这些国家相对比较陌生，各个区域有自己特有的文化。例如，中亚在历史上不仅有伊斯兰教文化情结，当代还有西方力量进驻和俄罗斯文化的长期影响，多方文化势力在中亚展开角逐，对汉语的推广造成很强的阻力。再如非洲，中华儒家文化本身同黑人文化之间存在着种种差异，再加上非洲自近代沦为西方的殖民地以来，始终以“非洲与欧洲”、“非洲文化与西方文化”的二元认知结构与关系维度来理解自身、理解世界、理解自身与外部世界的关系，西方文化成为非洲无可选择的选择。对此，在汉语对外传播的过程中，需要运用传媒的多层次、多维度向汉语辐射圈国家展示与传播中国的文化产业，鉴于此，语言态度与文化诱惑两个驱动语言传播的驱动因素必须相互结合，二者是相辅相成的。

其次，汉语与英语相比在文化诱惑这个驱动因素上宣传力度欠缺。提到汉文化在海外的推广与交流，人们更多联想到的是官方与民间组织成立的文化机构、科研组织、教育网络等，具体包括国家汉语教学领导小组制定的“汉语桥”工程，加快海外孔子学院建设；发展中美网络语言教学；大力发展多媒体音像汉语教材等多媒体制作；加强对外汉语教师队伍建设和对外汉语教学基地建设；加速推广汉语水平考试；定期举办世界汉语大会和“汉语桥”比赛；设立“汉语桥”基金和援助国外中文图书馆等等。然而这并非是文化推广的全部。增强汉文化影响力、重塑中国的“和平”形象，还需要靠对中国的文化认同，而文化认同的建立，需要靠发展文化产业来实现。文化不仅是政治与经济之间的粘合剂，同时也是政治与经济之间的缓冲层，在构建和谐世界的过程中可起到联结或润滑的作用。提升文化产业的战略拓展可从四方面展开：一是整合和传播中国优秀文化的成果与价值观，使汉语辐射圈认识到中国文化不是持“中国威胁论”的人士宣扬的那种冲突性文化，而是一种怀有“天下”观念和博大精深的博爱文化。二是通过文艺演出、影视交流、图书展示和艺术展览等多种形式，让辐射圈国家从文化的角度更深入地了解当代中国；三是积极拓展辐射圈的文化产业市场，努力推出更多具有鲜明中国特色的文化产品和品牌，在一定程度上也有助于改变这些国家对中国产品的整体印象，扩大汉文化传播的影响力；四是加大对辐射圈国家的汉语学习和汉语广播节目的投资力度，促进文化交流方面的实质性合作。所以，汉语对外传播只有将教育推广项目建立在国际社会对中国人民及其文化的认知、理解和喜爱之上，从长远角度看才是有生命力和无可替代的。

第三，科技革新方面，与海外华人圈和汉文字圈一样，汉语辐射圈仍亟需占领更多的网络世界的领地。具体措施包括：开发软件工具库，为一线教学提供现代化教学工具；建立网络学习与其他学习形式相互沟通的体制，推动汉语远程教学的发展；加大涵盖各级各类汉语教学信息的资源开发，形成交互式的国家对外汉语教学资源共享平台；建立数字化图书馆、语言博物馆等汉语和中华文化的知识库，发掘中国文化宝藏；数据库语言应该以汉语为中心，同时注意开发与之配套的多语种数据库，方便世界各国汉语学习者访问中国网站等。

鉴于世界上绝大多数地区皆属于汉语辐射圈的国家，不同民族与国家有着不同的文化背景、价值观念、思维方式与利益关切，我们在具体制定对外传播的政策时也应根据不同对象采取不同的策略和话语方式。语言的对外传播是一个长期的文化交流使命，不能操之过急，甚至将其强加于人，在我们将民族优秀的文化要素渗透到语言推广时，不仅要通过文化对比和对话交流彰显出中国文化的特质，更重要的前提是得到对方真正的认同和接受。

参考文献

[1] 仲哲明．关于语言规划理论研究的思考．语言文字应用，1994.
[2] 陈章太．语言规划研究．北京：商务印书馆，2005.
[3] 蔡永良.美国的语言教育与语言政策.上海:上海三联出版社,2007.
[4] 李宇明．中国语言规划论．长春：东北大学出版社，2005.
[5] 李宇明．中国语言规划续论．北京：商务印书馆．2010.
[6] 周庆生．国外语言政策与语言规划进程．北京：语文出版社，2001.
[7] 许嘉璐．未了集——许嘉璐讲演录．贵阳：贵州人民出版社，2002.
[8] 王辉．澳大利亚语言政策．北京：中国社会科学出版社，2010.
[9] 周庆生．中国语言生活状况报告(上)．北京：商务印书馆，2006.
[10] 郭龙生．中国当代语言规划的理论与实践．广州：广东教育出版社，2008.
[11] 张西平，柳若梅．世界主要国家语言推广政策概览．北京：外语教学与研究出版社，2008.
[12] 周玉忠，王辉．语言规划与语言政策：理论与国别研究．北京：中国社会科学出版社，2004.
[13] 薄守生，赖慧玲．当代中国语言规划研究：侧重于区域学的视角．北京：中国社会科学出版社，2007.

参考文献